GAOXIAOLV
JIAOXUE DE
LINIAN YU CAOZUO

高效率教学的理念与操作

韩 玲 著

天津出版传媒集团
天津教育出版社
TIANJIN EDUCATION PRESS

图书在版编目(CIP)数据

高效率教学的理念与操作 / 韩玲著 . ——天津：天津教育出版社，2013.2（2018年1月重印）

ISBN 978-7-5309-7166-61

Ⅰ. ①高… Ⅱ. ①韩… Ⅲ. ①中小学—教学研究 Ⅳ. ① G632.0

中国版本图书馆 CIP 数据核字（2013）第 022926 号

高效率教学的理念与操作

GAOXIAOLV JIAOXUE DE LILIAN YU CAOZUO

出版人 刘志刚

作　者 韩　玲

责任编辑 王轶冰

装帧设计 北京桃李不言图书有限公司

出版发行 天津出版传媒集团
天津教育出版社
天津市和平区西康路35号　邮政编码300051
http：//www.tjeph.com　电话（022）23378389

经　销 全国新华书店

印　刷 北京永顺兴望印刷厂

版　次 2013年2月第1版

印　次 2018年1月第4次印刷

规　格 16开（710毫米 ×1000毫米）

字　数 180千字

印　张 13

定　价 26.00元

如发现此书有印、装质量问题、请与印刷单位联系调换。
联系电话：022-59219088

前 言

在当今的教学实践中，课堂低效一直是学校教育管理的一大难题。课堂低效会直接导致学生厌学和教师厌教。

为了改变这种状况，教育界的不少同仁都在进行艰难的探索，探索实施高效率教学的有效途径。

那么，究竟什么是高效率教学？如何实施高效率教学？

基于这样的思考，为满足全国各地基层学校的需求和广大一线中小学教师的需要，建构了本书的内容。

为完成这本书的编写，我们广泛调研，深入课堂，走访一线教师、校长，联合教学、教研专家，几经讨论、研究，不断修改，最后，在“桃李教育”的帮助下，完成了《高效率教学的理念与操作》一书的编写。

高效率教学是一场充满智慧的挑战。

高效率教学对教师提出了很高的要求。

本书写作的目的就是帮助广大一线中小学教师进行全方位深层次的学习。在实际的教育教学的过程中，能够更新教育理念，用辩证的观点来对待矛盾，用发展的观点来解决问题；挑战传统、挑战自我；超越教材，超越自我，实现生命价值的提升，从而更好地适应教育教学的需要。

《高效率教学的理念与操作》一书既有对高效率教学理念精辟而通俗的解读和说明，也有对实施高效率教学的尝试、探讨与体验，还有对全国各地一些名校典型经验以及一些名师优秀教学成果的荟萃、提炼和升华；该书对于高效率教学的理解和把握既有方法，又有思想；既有理念，又有行动；具有全面、系统、通俗、实用、操作性强之特点。

相信广大教师阅读本书后能够对高效率教学有一个全面的理解和整体的把握，对实施高效率教学的思路、途径和方法有一个很好的借鉴。

本书在编写过程中为说明问题，引用了一些专家的研究成果和一些教师的相关资料与信息，在此对所有材料的原作者表示衷心的感谢！由于水平有限，不妥之处，敬请大家批评指正。

韩　玲

写于2012年10月　北京

目 录

第一章　高效率教学的整体解读

第一节　高效率教学的基本含义

高效率教学是以新课程理念为统领，以学生为主体，以教师为主导，以构建高效课堂为抓手，引导教师掌握教育规律，提高育人能力，从而促进学生综合素质发展的一种教学实践模式。

这个定义所包含的要点可以从以下六个方面做阐释性表述：

1. 高效率教学要以新课程理念为统领

教育工作者一直关注这样一些话题：怎样才能做到既减轻学生负担，又能促进教学质量的提高？怎样才能做到既传授知识，又能促进学生素质的发展？怎样才能做到在面临升学考试压力的情况下，还能更好地实施素质教育？

多年的研究与实践表明：实施“高效率教学”是解决这些问题的根本途径。

关于“高效率教学”，张庆林、杨东主编的《高效率教学》一书中有过这样的阐述：

二十世纪，国外一些教育家就开始进行有效教学的研究，追求有效的教学（effective teaching）或好的教学（good teaching）。其核心是研究如何提高教学的效益，即什么样的教学是有效的，是高效、低效还是无效。

所谓“有效”主要是指通过教师在一段时间的教学后，学生所获得的具体进步或发展。教学有没有效益，并不是指教师有没有教完内容或教得认不认真，而是指学生有没有学到什么或学生学得好不好。如果学生不想学或者学了没有收获，即使教师教得再辛苦也是无效教学。同样，如果学生学得很辛苦，但没有得到应有的发展，也是无效或低效教学。因此，学生有无进步或发展，是教学有没有效益的唯一指标。

高效教学是相对于低效教学提出来的一个特定概念。它与低效教学的本质区别在于，能否确保在规定的教学时间内，落实规定的教学任务。即学生能当堂学，当堂会；教师能保落实，减负担。

传统理念下人们往往会认为：课堂上教师讲得越多、越细、越深、越透，学生学得就越快、越好，一直认为教师带领学生，总比学生自己摸索要来得更快一些。事实上，这样做容易造成学生思维的惰性，学生成了被动的“哑巴”。

课堂教学是教与学的双边活动。教学就是教给学生借助已有知识去获取新知识的能力，并使学习成为一种思索过程。教，是教给学生学习能力；学，是学生根据已有的知识去思索，在思索中掌握知识，又在掌握知识中发展思维能力。因此，只有让学生主动参与探索知识的过程，才能使他们主动地得到发展。

现代教学论的基本观点之一就是强调学生主体性的发展，调动所有学生积极参与获取知识的过程。因此，在教学过程中，教师要把学生作为学习的主人，充分发挥学生在学习中的主体作用，激发学生学习的积极性。

从全国各地一些名校的典型经验来看，无论是洋思经验还是杜郎口模式，无论是当地推出来的一些典型名校还是时下风靡全国的即墨二十八中，他们之所以能够在教学过程中取得高效率，都是很好地贯彻和落实了新课程理念，无一例外。

关于“新课程理念”，吴效锋主编的《新课程怎么教——教学艺术与实践》一书中有过这样的阐述：

新课程改革不是换了一套教科书，而是教育领域一次深层次的彻底革命。这场以转变教学理念为先导，以课堂教学改革为核心，以提高教师综合素质为突破口，以转变教学方式为手段，以“一切为了学生发展”为目标的全面改革，旨在通过培养学生的创新精神和实践能力，全面推进和实施素质教育。新课程改革将改变学生的学习生活，也将改变教师的工作方式、生活方式乃至生存方式。教师的角色已变成学生学习的促进者、引导者，教育教学的研究者，课程的开发者和建设者。新课程改革从教材表面上看难度降低了，实际上对教师和学生的要求更高，新课程自由度较大的空间与教师创新实践能力不足的矛盾，已成为制约新课程实施的"瓶颈"。每一位教师都需要重新学习才能适应新课程，不然你就会发现："涛声依旧"，"穿新鞋，走老路"，"越来越不会教了"。

新课程的教学变成一种充满智慧的挑战。学生的头脑不是可以被填满的容器，而是一支被点燃的火把。教师要千方百计保护学生最珍贵的东西——自尊心，尊重学生、赏识学生、鼓励学生成功，一次小小的成功，也能激起学生积极的自信心。每一个孩子都有成功的潜能，每一个孩子都有成功的愿望。没有教不好的孩子，只是没能找到教好孩子的方法。教育的责任就是要让每一个孩子都抬起头走路。教材不是法典，不是圣经。用教材教，而不是教教材。课程的外延与生活的外延相等。课堂上老师要为学生创设一个平等、和谐、自由、愉悦的教学情景，让学生在愉悦的环境中畅所欲言、展示自我，学生创造灵感的火花才会自由迸发。好的教育不是在教学生学知识，而是激励学生学知识；教育的灵魂在于教人创新而不是复制。有什么样的教学，就能培养什么样的学生。让学生去体验——这是金钱买不到的财富，应在参与中体验，在创新中发展。

在当今的教育教学实践中，课堂低效一直是学校教育管理的一大难题。课堂的低效会直接导致学生厌学和教师厌教。为了改变这种状况，教育界的不少同仁都在进行艰难的探索，探索实施高效率教学的有效途径。

那么，究竟什么是高效率教学？如何实施高效率教学？

基于这样的思考，我们开展了"高效率教学的理念与操作"这一课题的研究与实践。

多年的研究与实践表明：实施"高效率教学"是对教学工作的创新与发展。这对于把握教学工作的规律性、增强教学工作的针对性、提高教学工作的实效性具有重要的实践价值。

2. 高效率教学以学生为主体，以教师为主导

什么是教学？教学是什么？

多年的研究与实践表明：教学就是教会学生如何学。

学生学得怎么样，主要取决于学生的主体地位和主体意识是否得到了充分的发挥。

有这样一个关于教学效益的公式：

1× ？ ＝效益

“1”指的就是教师的教学活动，这是一个固定的“常数”；

“?”指的就是学生在课堂上投入的状态。这可以是“正数”，也可以是“负数”，还可以是“0”。

假定“?”是0，那么1×0=0，这样的教学叫“零效益教学”；

假定“?”是2，则1×2=2，这样的教学叫“正效益教学”；

假定“?”是−1，则1×−1=−1，这样的教学叫“负效益教学”。

由此可以看出：课堂上，学生的主体地位和主体意识发挥得越好，教学效益越高。

学生是学习的主体，是知识的发现者和探索者。这就要求教师在实际的教学过程中，一定要以尊重学生的主体地位为前提，以激发学生的内在动机为关键，以开发挖掘学生发展的核心潜能为重点，创造条件使学生的认识能力、智力潜能、个性特点得到充分的发展。

课堂就好比是战场，教师就是指挥官，学生就是战士，指挥官的任务是排兵布阵，战士是消灭敌人的主力，指挥官想办法让战士多消灭敌人才能取得更大的胜利；课堂如演场，教师是导演，学生是演员，把剧本给演员让他们去发挥，导演指导点拨；课堂如赛场，教师就是教练，学生是队员，应该是队员跑，教练在旁边看，发现问题，然后指导。以往“满堂灌”“填鸭式”的课堂就好比教练在前面跑，队员跟在后面跑，或者队员看着教练跑，这样培训出来的队员永远都超不过教练，这种陈旧的教学模式严重制约着学生思维的发展。

我们开展“高效率教学的理念与操作”这一课题的研究与实践就是要把课堂还给学生，为每一个孩子提供施展才华的机会。

对我们老师来说，要从“一线”退到“二线”，为学生自学、思考、讨论、答疑当好“参谋”，创造条件尽可能地让学生“有为”，让学生由被动地接受变为主动地自学，真正成为课堂学习的主人。在自学的过程中，学生可以动手操作、动眼观察、动脑思考、动口交流，教师引导学生投入这些活动中，让他们亲身感悟知识的产生和发展过程。

教学活动是师生共同合作、互动发展、动态生成的过程，任何一种教学目标的实现，都离不开学生的主动参与，也离不开老师的积极引导。

课堂上，学生的主体地位和主体意识是否得到了真正的发挥，全靠教师的引导。

对我们老师来说，在教学过程中，教师要着眼于诱导，目的是为了变学生以往的“苦学”为“乐学”；教师要着力于引导，目的是为了变学生以往的“死学”为“活学”；教师要着力于疏导，目的是为了变学生以往的“难学”为“易学”；教师要着手于指导，目的是为了变学生以往的“学会”为“会学”。总之，发挥教师“导”的作用，是为了促进学生“学”的兴趣；“教”是效力于“导”，服务于“学”。

开展“高效率教学的理念与操作”这一课题的研究与实践，就是要以学生为主体，以教师为主导，把学生的主体作用与教师的主导作用有机地结合起来。

3. 高效率教学以构建高效课堂为抓手

课堂是学校教学工作的主阵地，任何一种旨在改革教学活动的研究和实践，都直接或间接地指向课堂教学效率的提高。

那么，什么样的课堂是高效课堂呢？

关于“高效课堂”，张仁贤在《名师谈高效课堂》一书中有这样的表述：

高效课堂是对应于传统课堂教学的“低效”“无效”甚至“负效”而言的，它属于“有效教学”范畴，很好地补充了有效教学所不具有的指向的准确性。高效课堂主要是通过课堂教学手段，来满足“三大目标”：

第一，在效益和效率上追求课堂教学的“高效”，变“接受式”学习为“自选超市式”的主动学习，并注重学习能力的生成。

第二，要使课堂作为“主阵地”，主动承载素质教育和新课改的诸多要旨要义，以培养“通才”为目标，要真正让学生在学习中体验到生命的狂欢、成长的幸福，变“苦学”为“乐学”、肯学、会学、学会，实现真正的终身学习。

第三，要实现真正的教学相长，满足教师的专业发展要求，帮助其实现职业的幸福和个人成就，让教师真正享受“太阳下最光辉的职业”带来的尊崇。

因此，从以上“三大目标”来衡量，高效课堂作为一个整体性的教育概念，又是不准确的，甚至很容易让人误解和引起歧义。有鉴于此，我们在提出“高效课堂”概念的时候，加了这样的后缀：知识的超市，生命的狂欢。

经过多年的研究与实践，我们能够达成这样的共识：高效课堂就是一种接近于理想的课堂教学形式。它的核心理念是自主、合作、探究。这样的课堂是以模式驱动，以导学案统领，以小组组织为抓手，以自主、合作探究为本质，以“三维目标”为目标，以发展学生为方向来组织课堂教学活动的。

那么，对我们老师来说，在实际的教学过程中，究竟应该如何把握呢？

在北京市普通高中推进新课程改革的常识培训中，北京教科院历史教研室的张老师这样说：

当学生已经具备能够独立阅读和思考问题的时候，我们就要把课堂还给学生，让学生自己去阅读和思考。当然，如果一节课光靠学生自己读书和思考是不够的。所以，教师的引导是非常重要的。对我们老师来说，我们的教学要针对学生独立阅读和思考过程中出现的问题进行教学。这样的教学才有针对性。值得注意的是，在学生阅读教材和思考问题的时候，我们当老师的不能包办代替，要注重发挥学生的学习潜能，并发挥学生的集体智慧。

当学生处于相对独立和基本独立的学习阶段，也就是具有一定的独立学习能力的时候，我们的课堂教学必须要先学后教，这是教学的一条规则和规律。这条规律的潜在意义在于，不论学生处于什么样的学习阶段，也不论学生是怎样地依靠教师，每个学生都具有独立性。只有承认、尊重、深刻认识、正确对待并积极引导和发挥学生的“独立性”，才能在教育和教学上取得优良成绩。

北京教科院基教所的赵老师这样说：

当学生不具备独立阅读教材和思考问题能力的时候，教师要把教学的着眼点放在教学生学会阅读和学会思考上面，这同样是教学的一条规则、规律。这条规律告诉我们：当学生处于依靠教师的学习阶段时，必须先教后学(边教边学)，但是教的着眼点是为了不教，学的着力点在于自主、独立学习，因此，教师要致力于教学生学会学习。各科教师都要根据本学科的特点进行学习指导，要有目的、有计划地通过科学学习方法的示范和渗透，从而培养学生独立获取知识的能力、系统整理知识的能力、科学运用知识的能力。

对我们老师来说，学生的独立性和独立学习能力是需要培养的，在教学过程中一些老师所出现的“自主”变成“自流”的现象就是因为缺少了“培养”这一环节。从教学角度讲，独立性和独立学习能力培养的主要措施是学法指导。学法指导是很多成功教改实验的共同特征。

北京师范大学的马教授这样说：

美国著名教育心理学家奥苏伯尔曾经说过这样的话：“如果我不得不将所有的教育心理学原理还原为一句话，我将会说，影响学习的最重要因素是学生已经知道了什么，根据学生的原有知识状况进行教学。”所以，对我们来说，一切的教学都必须从学生的实际出发，这也是教学的一条规则和规律。

这条规律告诉我们，新知识的教学必须基于学生的原有知识。也就是说：新知识要么是在旧知识的基础上引申和发展起来的，要么是在旧知识的基础上增加新的内容，或由旧知识重新组织或转化而成。由此，我们就不难理解：温故知新的本质就是化难为易，由于变易了，学生就能学会，而学会了，学生便容易激发学习的兴趣和信心，这样学习就能进入良性循环的机制：学会——兴趣——愿学——学会……就是这条规律的具体体现。

目前教学最大的浪费就是课堂教学时间的浪费。具体表现就是在课堂教学过程中存在教师假教和学生假学的现象。没有面向全体学生、没有让学生参与、没有指导学生自学、没有围绕“三维目标”展开就是假教，教学就是要教学生不会的，学生会的不教，照本宣科也是假教。学生没有用脑独立思考、东张西望、看热闹就是假学。课堂放手但不放任，让学生自主却不自流，相互学习、合作学习，但不浮动。课堂是有目标、有责任的。自学有效，合作有效，探究有效，让学生紧张地学习。紧张就是全力以赴、全神贯注、全神投入。为达到生成目标不懈努力，不能让学生一听就会，一做就错。学生课堂上紧张，课后才轻松。

开展“高效率教学的理念与操作”这一课题的研究与实践，就是要立足于“课堂”，通过课堂教学改革，实现“低耗高效”。开展“高效率教学”这一课题的研究与实践，就是为了能够找这样一个“支点”。找到了这样一个“支点”，就能撬开并破解教育的诸多困惑，实现教书与育人的统一。

4. 高效率教学的核心环节是引导教师掌握教育规律，提高育人能力

随着新课程理念被越来越多的中小学教师所接触和接受，现行的课堂教学过程中不时闪烁体现新课程理念的亮丽火花。毋庸置疑，这种火花是新旧课程理念冲撞下的自然生成，是教师渐次接受新理念并转化为教学行为过程中的必然现象。但是，我们也不得不承认，新课程所倡导的教育理念、思想完全被广大的中小学教师所接纳并转化为行动尚需时日。调研表明：现行的课堂教学无论是教育思想、教学内容、教学方法、师生角色定位，还是教学过程中的一些具体细节方面都存在着大量的问题，有些甚至是与新课程的理念南辕北辙、格格不入的。

在北京市推进新课程改革的研讨会上，北京市教科院的王主任这样说：

一线教师虽然对新课程理念大多耳熟能详，能脱口而出；但事实上，我们的课堂、我们的教学在很多情况下是理念与行为脱节，是两张皮。

新课程倡导自主学习，其目的是让学生学会学习，成为学习的主人、发展的主体，并为终身学习打下坚实的基础。但是，实际教学中有些教师实施的“自主”与新课程所倡导的理念只是“形似”，自主学习浮于表面，徒有形式，

没有实效。

在我们学校，以小组合作为代表的合作学习被教师们广泛采用。那种人人参与、组织互动、竞争合作，常常有思维碰撞、火花闪现的课堂，能切实给人以享受和启迪。实际教学中，部分教师僵化地理解合作学习，片面地追求小组学习的形式。有的教师将小组合作等同于小组讨论，有的合作学习内容没有价值，有的合作学习成了随意的“拉郎配”，有的合作学习缺乏深入自主和个体体验，有的合作时间不足、没有反馈交流等。所以，随着基础教育课程改革的深入，我们下一步工作的重点就是以增进学生创造才能为主要任务，我们的课堂就以解决问题为主题、以学生自主学习为主要方式。

北京市教科院的刘主任这样说：

在推进新课程的过程中，自主学习、合作学习、探究学习已经成为我校课堂实践的热点。老师们热情很高，但其中的问题也不少。就拿小组合作探究来说，整堂课事事探究，甚至时时探究，既没有效率，也没有必要；所有探究问题皆由学生发现、选择、决定，一切跟着学生走；只重过程，忽视结果；有的教师让学生进行探究性阅读，但随意性太大。还有，就课堂提问来说，有的课堂上教师却是一问到底！不可否认，大量的问题固然能带动学生积极思考，但数量过多，学生忙于应付，根本就无暇思考。试问，这样学生能有多少收获呢？所以，我们需要对这些问题进行探究、梳理并寻求解决的办法，需要对目前的课堂教学进行重新审视与思考……

一节课的教学效果是由教师和学生合力打造而成的，这其中教师的作用是不容忽视的。尽管新课程理念强调“教师不再是教学中的主角”，但毕竟还是“平等中的首席”，因此，教师“决定”着一节课的质量好坏。有这样一句话说得好：有什么样的教师就有什么样的课堂，有什么样的课堂就有什么样的教育，有什么样的教育就有什么样的国家和民众。

在北京市推进新课程改革的过程中，一些区县的典型经验是重点做好以下几方面的工作：

第一，开展各级各类的培训活动，促进教师教学观念的转变和教学方式

的转变。

教师教学观念的转变不是一蹴而就的事，必须在推进课堂教学改革的实践过程中不断推动教师观念的转变，进而转变教师的教学方式，以逐步消除由于教师讲得过多、学生参与过少而导致的靠大量课后作业来完成教学任务的问题，逐步解决忽视学生情感、态度、价值观目标实现的问题。

第二，以中心备课组为龙头，开展以学课标、研课本、研方法、课后反思等为主要形式的校本培训。

在长期的研究与实践中我们发现：在很多情况下，课堂的低效是由于教师对课标与课本的学习与研究不足造成的，而教师这方面的不足又影响和制约了其课堂驾驭能力，课堂驾驭能力又反过来影响课堂教学的效率。

第三，开展集体备课活动，抓好教师备课中的备学生问题。

不少教师在备课时，只习惯于备教学内容，而忽视备学生。如果教师不去研究学生对所教内容的掌握情况，不去研究学生的个体差异，一切从本本出发，课堂教学的适应性就会大打折扣，课堂教学的高效更无从谈起。

第四，开展教学设计评比活动，研究和设计好课堂提问。

在真实、常态的课堂教学中，我常常发现教师所提的问题本身就有问题，无效问题、假问题、无价值问题充斥课堂，教师的很多提问耽误了学生宝贵的课堂学习时间，影响了课堂教学效率的提高。因此，教师要高效地完成课堂教学任务，就必须注重对课堂提问的研究，所提的问题必须是有价值的、有启发性的、有一定难度的，整个课堂的问题设计必须遵循循序渐进的原则。

一些学校的具体做法是：在推进普通高中新课程改革的过程中，以教研组为单位，开展集体备课，重点做好以下几方面的工作：

第一，加强对课堂节奏的把握和管理。

课堂上，有的教师刚给学生提出问题，学生还没来得及思考，就马上要求其回答，这样不仅浪费了学生课堂思考的时间，而且有效性很差。这种形式主义的教学方式使无效劳动充斥课堂，严重影响了课堂教学的效率。有的教师让学生阅读课文、讨论、交流、做巩固练习等，不提任何时间和标准的要求，学生漫无目的地阅读与交流，课堂组织松散，时间利用率低。有的教师只对学生提出比较笼统的要求，学生不明白教师要他们干什么和要他们怎么干，这样，学生就失去了教师的有效指导。因此，要给学生一定的思考时间和思维空间，要减少“讲与听”，增加“说与做”，尝试“教与评”。

第二，积极实施小组互助学习制度。

教师根据学生的认知水平和个性心理特点，可以把学生划分为若干个学习小组，发挥优秀学生的优势，积极推行学生互助机制，同时，教师通过对小组的学法指导和激励性评价，进一步提高学习小组的自主学习效果。这样，可以最大限度地面向全体学生，做到因材施教，以促进课堂教学效率的提高。

第三，推行作业分层布置制度。

教师在布置课堂练习和课后作业时，必须充分考虑不同学生的学习水平，做到“不布置死记硬背、机械训练作业，布置启发性、思考性作业；不布置重复性作业，布置可选择性、层次性作业；不布置繁难偏旧作业，布置实践性、研究性作业”。布置的作业数量要少，质量要高，要避免进入“教师随意布置大量作业——学生应付作业——教师随意批改作业——教师再随意布置过多作业——学生再应付作业”的恶性循环，消除教师无暇顾及教学内容的研究和设计、无暇顾及研究学生的现象，从而解决学生不堪重负、疲于应付、厌学情绪滋生等问题。因此，加强作业的管理与指导，避免超负荷、重复性、低水平的作业，给每个学生留有充分自主发展的余地，是提高课堂教学效率的必由之路。

开展“高效率教学的理念与操作”这一课题的研究与实践，就是要帮助广大一线教师进行全方位深层次的学习。通过学习，使老师们能够掌握教育规律，提高育人能力，更好地适应教育教学的需要。

5. 高效率教学的直接目的是为了促进学生综合素质的发展

新课程改革把“一切为了每一位学生的发展”作为核心理念，就是要强调教育要面向全体学生，为了全体学生的发展，使绝大多数学生都能达到基本要求，都能获得成功。

教育的本质和目的是什么？在历史长河中，早在我国古代西周时期，“学在官府”，就实施“六艺”教育，包含礼、乐、射、御、书、数六科，是一种包含和谐发展用意的理想教育模式。古希腊雅典教育则形成了以体育、德育、智育、美育和谐发展的教育制度。

进入近现代，中外教育家通过他们的实践探索和理论研究，给人们留下了许多充满智慧和哲理的思考。民国初年，就任教育部部长后蔡元培先生即发表《对于教育方针之意见》，提出公民道德教育、军国民教育、实利主义教育、世界观教育和美育“五育并举”的教育方针，并说“五育”分别像人的筋骨、肠胃、呼吸和神经系统，不可偏废。美国实用主义教育家杜威说：“我们所要求的是使儿童带着整个的身体和整个的心智来到学校，又带着更圆满发展的心智和甚至更健康的身体离开学校。”著名教育心理学家、“多元智能理论之父”加德纳说：“学校教育的宗旨应该是开发多种智能，并能帮助学生发现适合其智能特点的职业和业务爱好。”

《国家中长期教育改革和发展规划纲要》明确提出：“坚持全面发展。全面加强和改进德育、智育、体育、美育。……促进德育、智育、体育、美育有机融合，提高学生综合素质，使学生成为德智体美全面发展的社会主义建设者和接班人。”我们要站在历史高度来认识学生德智体美全面发展这一问题。教育是民族振兴、社会进步的基石，是提高国民素质、促进人全面发展的根本途径。我们的教育能否培养造就数以亿计的高素质劳动者、数以千万计的专门人才和一大批拔尖创新人才，关乎我们能否真正建设一个现代化的国家和中华民族伟大复兴的宏伟事业能否实现这一重大战略问题。

面向全体学生，促进学生全面发展，是实施全面素质教育的本质要求，是全面建设社会主义现代化强国的战略要求。

——摘自首届深港小学校长论坛暨第十五期深圳教育论坛交流材料

作者：深圳市盐田区外国语小学校长　刘汉文

“一切为了每一位学生的发展”，充分体现了“以人为本、以学生为本”的教育思想。

曾经读过江苏教育学院赵国忠老师写的一篇文章，其中有这样几段话印

象最深：

北京师范大学林崇德教授赋予了“学生”全新的定义：“学生活的知识、学生存的技能、学生命的意义。”这个定义完全诠释了新的学生观：努力培养和建构知识、能力、人格型的学生。

新的学生观基于以下三个基本理论：学生是发展的人，学生是独特的人，学生是具有独立意义的人。

第一，学生是发展的人。

把学生看成是发展的人，包含以下含义：学生的身心发展是有规律的，必须依据其规律和特点开展教学活动，促进学生身心健康发展；学生具有巨大的发展潜能，每个学生都是可以积极成长的，可以获得成功的，教学中应对每个学生充满信心；学生是处于发展过程中的人，学生能否学得好，能否健康成长，是否幸福快乐，和他们所在的学校与任教老师有极大的关系。

因此，我们教师要用发展的眼光看待每一位学生，尤其是学习上有困难的学生，要帮助他们树立信心；也要对自己教育好每个学生充满信心。这样，真的“没有教不好的学生”。

第二，学生是独特的人。

把学生看成是独特的人，包含以下基本含义：学生是有丰富个性的完整的人，而不是单纯的抽象的学习者，教学中要还学生完整的生活世界，丰富学生的精神生活，给学生全面展现个性力量的时间和空间；每个学生都有自身的独特性，他们在兴趣、爱好、动机、需要、气质、性格、智能和特长等方面各不相同，各有侧重，学生的这种个性差异不仅是教育的基础，也是他们发展的前提，我们应把这种差异视为一种财富而加以珍惜和开发，使每个学生在自己原有的基础上得到完全、自由的发展。

因此，我们要尊重学生、了解学生、帮助学生，使其个性得到全面的发展。

第三，学生是具有独立意义的人。

把学生看成是具有独立意义的人，包含以下基本含义：学生是处于不断变化发展的有机体，是不以教师的意志为转移的客观存在，而不是可以让教师自由宰割的羔羊。教学中，教师不可把自己的意志或知识强加给学生，而应通过科学的方法手段以激发他们的学习兴趣，引导他们在积极、自主的探索、体验活动中去认知、发展能力，形成良好品德；学生是学习的主体，他们有自己的头脑、感官、性格、意愿，自己的知识与思想基础，思想和行动规律，即他们有自己的学习的物质基础，他们能以自己的学习物质基础去进行有自己特色的学习活动，去发展自己。

因此，我们教师要不断学习新课程的教育理念，把握“学生是具有独立意义的人”的教育思想。运用新的教学方法、教学策略不断提高自身教育教学水平和教学艺术，在课堂教学中努力创设宽松、和谐的课堂环境，有助于师生的交流与信任。

综上所述，只有充分理解现代社会发展的需求和学生的共性和特点，树立正确的学生观，在教育教学中根据现代学生的特点运用合适的教学模式，采用合适的教学方法和教学手段，因人施教、因材施教，尊重学生、相信学生，构建起师生平等、和谐、合作的关系，才能培养出具有现代时代特征的新一代学生，才能使新时代学生既具有前人的优秀品质，又具有前人所没有的现代品质。

开展“高效率教学的理念与操作”这一课题的研究与实践，就是为了每一个学生的提升与发展。

6. 高效率教学是一种教学实践模式

建立一种教学实践模式是为了总结经验，提升教育理念，深化教育教学工作的实践。建立模式的深层目的是为了在已有模式基础上超越这类模式，是对这类模式进行再创新，而不是固守“模式化”。

通过对目前的课堂教学进行重新的审视与思考，对目前课堂教学存在的这些问题进行探究、梳理并寻求解决的办法，从而引导广大一线中小学教师更好地掌握教育教学的规律，提高育人能力，最终目的是促进学生综合素质发展。

现代教育教学理论认为：学习是学习者的个性化行为，是任何人或物都不能代替的；教师教的实质是指导、组织、帮助、影响和促进学生学习的意识；教为学服务，教学方式一定要适合学情；教学过程是学生在教师的科学指导下主动地高效率地自主学习与教师根据现场学情有针对性地进行科学指导二者有机统一的过程。

课堂教学模式根据学生的学习规律、教师的指导规律、教学活动的总规律三条最基本的教学规律来组织教学活动，它充分体现了学生学习的个体性，教师指导的异步性。该教学模式能最大限度地调动学生学习的积极性、照顾学生的个别差异、发挥教师因材施教和学生个体学习与互相学习的整体教学功能，有效地培养学生的自学能力、创新能力和科学的思维头脑。实践证明，要发展和提高学生的全面素质就要进行素质教育，要想完成由应试教育向素质教育的转轨，培养具有创新能力的新型人才，就必须改变传统的课堂教学模式。

从这个意义上来说，开展“高效率教学的理念与操作”这一课题的研究与实践，是一种更贴近社会、贴近实际、贴近学生的教学实践模式的研究。

第二节　高效率教学的实践原则

高效率教学的实践原则主要包括三点：以学生发展为本的原则、整体和谐的原则、继承创新的原则。

1. 以学生发展为本的原则

以学生发展为本的原则，就是从学生的实际出发。

那么，在实际的教学工作中，我们究竟应该如何操作呢？

曾经在网上读过随州市教学研究室的杨中山、吴军两位老师写的一篇文章，题目是：《以学生的发展为本　提高教育教学效率》。文章这样写道：

以学生发展为本是素质教育的核心之一，也是当下很多学校努力的目标，而课程设置、师生关系、教师素质、教学模式、教学方法、评教标准等都是提高教育教学效率，实现以学生发展为本的重要因素。

面对市场经济对人们观念、行为的冲击，素质教育越来越成为社会高度关注的问题。但现阶段，我们基础教育教学的现状却令人担忧：教师扮演着权威式的主角，学生参与的能动性少；教师讲解多，学生独立思考少；教师照本宣科多，学生积极发现探索少；学生被动接受的机会多，表达的机会少；能力强的学生机会多，能力弱的学生机会少。课堂上重教法，轻学法；重书本，轻实践；重讲解，轻参与；重结论，轻过程；重知识积累，轻能力发展。这些弊端不仅封闭了学生自主性、主体性的发挥，也阻碍了学生的个性培养和全面发展。素质教育的核心是以学生发展为本，强调学生全面均衡的发展，如果这些弊端在教育教学中得不到标本兼治，就会造成学生学习兴趣下降，学习负担过重，探索精神萎缩，极大地妨碍学生素质的提高。因此，研究探索如何以学生发展为本，提高教育教学效率已成为当务之急。

学生的天赋仅为学生的发展提供了可能与条件，教育活动才是实现学生发展的主要途径。印度“狼孩”、山东“沙袋婴儿”、“穷人的孩子早当家，富人的孩子不理家”等事实充分说明教育是学生自我建构的实践活动，教育活动实现了学生的自我成长、自我发展。在教育活动中确立以学生发展为本的教育观，就是强调培养学生健康的身心，掌握扎实的基础知识、基本能力、基本技能，树立正确的情感、态度、价值观，教学生学会学习、学会应变、学会共处、学会发展，具备终身学习的理念、能力和方法，具备立足社会、求得发展的基础。确立以学生发展为本的教育观，就是要充分尊重学生主体，相信学生具备巨大的学习潜力，激发学生的学习热情，使学生成为认识的主体、学习的主人。确立以学生发展为本的教育观，是对学生存在价值的一种保护和升华，可以发展学生的个性，培养学生的创造性，可以克服教育的急功近利与工具性倾向。

以学生发展为本是素质教育的核心之一，也是当下很多学校努力的最大目标，能否准确解读“以学生发展为本”，直接关系着学校教育行为的正确与否。可是到底什么是“以学生发展为本”，却见仁见智。有人认为教师在教学中只起辅助作用，教学应根据学生的喜好来选择教学内容。这样的教育真能促进学生的发展吗？以学生发展为本的核心是“发展”。发展首先是全面的发展。在中学教育中怎样把学生从考试的优秀提升为学习的优秀，从学习的优秀提升为成长的优秀，为未来的发展打下基础，这是教育要考虑的首要问题。其次是卓越的发展。学校要追求的应是激发学生潜能，找到学生的最近发展区域，使其得到卓越的发展。最后，是和谐的发展，学校要在为学生发展指导方向的前提下尊重学生，提升学生素养，培育有创新精神的新人。

那么，教育教学怎样实现以学生发展为本？不妨从以下几个方面进行尝试：

第一，认真执行国家课程标准，并且按标准执行好国家课程。学校应严格按国家颁布的课程计划开足开齐课程，开足课时，尤其是体、音、美等科目。确保教育方针的全面贯彻，确保学生的整体优化，确保学生的全面发展。

第二，正确认识教师和学生的关系。教师的作用既有主导性又有辅助性，学生是学习的主体，具有自主性。教师在教育教学活动中的主导性表现在对教学活动的领导、组织、指导和检查。因为教师经过了专门训练，对传授的知识具有一定的权威性，对课程经过了专门的培训，对学生已有的学习水平及在学习中将会遇到的困难做到了心中有数。学生在教学过程中的主体作用主要表现在，只有激发自我探求新知识的欲望，教学才有效果，教师的劳动才能得到体现。教师只有树立平等、民主的师生观，在教育活动中才能充分相信尊重学生，理解支持学生，启发鼓励学生，才有助于建立起新型的、和谐的师生关系，营造宽松开放的学习氛围，为学生创设最佳教育情境。只有正确认识教师和学生的关系，才能把两方面的作用有机地结合起来，才能让教师的一切教育活动都围绕学生展开，做到教学就是为学生服务。

第三，注重教师的发展。教师的发展是学生发展的基础和平台。教师的发展与学生的发展两者之和是学校的发展，从某种意义上说，教师发展在学校和学生发展中担负着非常重要的作用。目前，我们的教师队伍确实存在一些问题，如在理想与现实的关系上，现在的教师更多的是现实主义者，有远大理想的教师比较少。在教育理念上，陈旧的育人理念、经验主义、直觉主义以及技术主义都直接制约着教师发展、学生成长。在师生关系理解上，教师还是把自己放在一个高高在上的位置，坚持自我中心。在团结合作上，认同学校、与同事合作并没有成为每一位教师的职业习惯。因此，需要帮助教师树立终身学习的理念，推动教师发展：一是帮助教师不断更新教育教学观念，要求教师坚持不懈地学习先进的教育理念、管理理念、育人理念，增强理论素养，增强实施素质教育的自觉性，树立正确的学生观、人才观、质量观。二是帮助教师不断提升专业知识和专业技能，自觉运用先进的教育思想指导教学实践。教师应当熟知“教什么”“为什么教”以及“怎样教”；应当具备组织管理学生学习的能力；应当善于反思自己的教学实践，并从中总结教学经验。三是注重培养教师职业精神，重塑一线教师高尚的教育理想，提升教师的合作意识，培养团队精神。学校应大力倡导一种学习、开放、多元、合作的优良教师文化，让教师多读书，多思考问题，让学习、思考成为一种职业习惯。让教师多出去走走看看，锻炼锻炼，培养他们的创新意识，让教师从封闭状态走向更广阔的天地，给教师多元展示的机会，努力促进教师由教书匠型向学者型、专家型的转化。

第四，建立新的教学模式。教师要从“学”的角度研究“教”。一是教师要相信学生的智慧，从学生主体性意识出发，研究学生在课堂中的活动方式，努力让学生处于主动参与状态，建立师生互动、学生自主参与学习的新教学模式，彻底抛弃应试教育下“满堂灌”的教学模式，变解决问题的过程为发现问题、探索问题的过程。二是教师要让学生相信自己的能力，帮助学生树立“传统的认识不一定正确、权威的结论不一定准确、教师的答案不一定标准”的意识和能力，实现从“重正确答案的得出”到“重研究方法的创新”，从“重现成结论的获得”到“重获取知识的过程的转变”，从“重知识的掌握”到“重以思维能力为核心”的各种能力的培养。三是教师要充分提示并运用课本内容与学生生活以及现代社会和科技发展、生产实践的联系，使课程内容贴近学生的生活实际，使课堂学习与社会生活实践相结合；使学生感悟到“知识源于实践”“知识就在我身边”“知识用于实践”“我在用知识”；使教学过程成为师生、生生共同发展的过程。

第五，加强教学方法的研究。教法思路本应就是学法思路。教师首先要研究学生的知识经验、认知水平、情感态度，寻找与新授内容的最佳结合点，做到有的放矢，让学生自觉、快速进入自主学习的过程。其次，要研究学生的学习过程，重在引导学生改变学习性质，由接受性学习转变为主动参与型学习，促使学生成为学习的主体。美国教育学家杜威在他的《民主主义与教育》中说道："你可以将一匹马牵到河边，但你绝不可以按着马头让它饮水。"以往我们的教学大多是"强按着马头让马饮水"，结果是"马"很累，教育者也很累，教学的效能却很低。因此，教师给学生创设一种主动参与的机制尤为重要。再次，要创设多样化的教学形式。"教师讲学生听"的传统教学结构单调呆板，不利于学生主动参与。要促进学生主动参与，教师须遵循"三个凡是，一个反对"的原则，即创新教学方法：凡是学生能想得出的教师不要讲；凡是学生能做得到的教师不要做；凡是需要学生动手的教师不要包办代替。反对满堂灌，那种教师"死"灌，把学生灌"死"的教学方法是千万要不得的。要把时间还给学生，把空间留给学生，让他们自己去探究质疑，从而激发学生探求新知识的强烈欲望，引导学生掌握研究解决问题的途径、方法。最后，要以点拨为主，精心设计课堂教学。充分运用谈话、提问、质疑、演示、演排、小组讨论等方式，师生互动，活跃课堂气氛，激活学生思维。一节课的导入、讲解、讨论、小结几个环节中，教师讲解最多不超过20分钟，问题设计要难度适当，提倡开放性结论。

第六，制定科学的评教标准。科学评教应围绕"为了每一位学生的发展"的新课程核心理念，坚持"教"为"学"服务的原则，把握"讲得好的是差课，学得好的是好课"的标准，从学生发展的角度来审视一堂课的优劣，把学生的学习表现作为课堂教学评价的核心内容，学生的学习表现主要包括以下三个方面：学习方式，参与学习的广度和深度，学习效果。科学的评教就是要看教师能否根据新课程目标和教学目标帮助学生制定适当的学习目标，组织学生开发、利用有关的课程学习资源，设计恰当的学习活动为学生提供宽松的学习环境，帮助学生营造和维持学习过程中积极的心理氛围，帮助学生形成有效的学习方式，帮助学生在"学会"的过程中达到"会学"，在"会学"的基础上达到"乐学"，促进学生在自主性、主动性、实践性和创造性等方面的全面发展。

开展“高效率教学的理念与操作”这一课题的研究与实践，就是要求我们的老师在实际的教学过程中要把握以学生发展为本的原则，凸显学生的主体地位。

2. 整体和谐的原则

整体和谐的原则是高效率教学的认识方法，也是高效率教学的实践方法。

那么，在实际的教学工作中，我们究竟应该如何操作呢？

多年的研究与实践，我最大的感受就是：教学活动展开的主要场所是课堂。对我们老师来说，不管是过去、现在，还是将来，课堂教学都是我们培养学生综合能力的主要途径。所以，提高课堂学习效率、向课堂45分钟要效率是我们教师一直关注并执着追求的目标。

那么，在课堂教学过程中应如何实现这一目标呢？

我认为：在新课程理念下，解读教材是基础，优化教学过程是关键，建立和谐的师生关系，则是提高课堂教学效率的根本保证。

新课程理念倡导“以生为本”的思想，就是要求我们的老师在实际的教学过程中，努力为学生营造一个宽松、民主、合作的空间，让学生在民主、和谐、愉快的课堂氛围下，积极主动地探索新知识，体会学习的乐趣，享受到学习的乐趣，获得成功的喜悦。为此，我们要从以下三方面入手：

第一，建立和谐的师生关系。

教学过程中最活跃的是师生之间的关系。古人云：“亲其师则信其道。”“亲其师”指良好的师生关系，是学生接受教师教育的前提；孩子喜欢哪个老师，就会对该老师上的课青睐有加。现代心理学的研究表明：当人际关系和谐融洽、当人的心情处于愉快轻松的状态时，学习效率会大大提高，学习潜力可以得到更大发挥。教师对学生的热情关怀是学生对学习形成积极态度的一个重要因素，会使学生获得学习的自信心。师生关系和谐融洽，能够使学生感受到自己的价值，充满自信，学生学习的主动性、学生的智慧潜能将得到最大限度的发挥，教育教学工作就能收到事半功倍的效果。教师为学生创造和睦、宽松的环境，学生才会信任教师，才会把教师当作朋友。

那么，怎样才能建立和谐的师生关系呢?

首先，教师要更新教育观念，确立“以学生发展为本”的思想。教师只有确立了与新课程相适应的教育观念，才能在教学中转变教学方式，指导学生学习方式的转变，培养学生的创新能力。传统的教学中，教师是知识的载体，是教学活动的主宰，学生是教师知识传授的对象。课堂上，老师站在讲台上严肃认真地讲解，学生规规矩矩地坐在座位上专心听讲。老师讲的知识点，学生掌握了，就达到教学目的了。这样的教学活动日复一日、年复一年，老师对学生最为关注的是他的学习成绩，学生对老师则敬而远之，甚至关系紧张，很难向老师敞开心扉、畅所欲言。因此，今天的教师再也不能用传统的“教”教材的方法来面对信息来源广、智力发展快的儿童了。建立一种新型的——平等、民主、和谐、互动的师生关系就成为我们的必需，成为我们努力的方向。学生也只有在这种平和、融洽的氛围中，视老师为伙伴、为知心朋友，才能充分表达自己的心声，展示自己的个性，教师也才能准确地把握每个学生的心理需求，有针对性地点拨、指导，促使其不断健康发展。培养目标的转变，要求教师不再仅仅是知识的传授者，而应是一个能影响他人、指导学生领悟学习过程的引导者；不再只是教科书的执行者，而应是创造性地运用教材与学生一起交流的合作者；如“用教材教”，时下已成为教师们经常挂在嘴边的一句话。“教教材”与“用教材教”在语意上并无多大差别，但“用教材教”反映了教材观的转变，即视教材为主要的课程资源、教学线索，激活了教师的专业自主性，让教师以教材开发者的姿态，将个人特质、教学经验、教学才能融入对教材的加工、改造之中。不再是只知道教书的匠人，而是拥有正确的教育理念并付诸实践的研究者。即，不只是教会学生学什么、做什么，更应教会学生怎么学、怎么做，教会学生发展他自己的精神世界，使之成为一个完整的人。

其次，我们应全新地认识学生，确立正确的学生观。学生是学习的主体，课堂教学绝不能像过去那样，不顾学生的生活经验和思维方式，采用以灌输为基本特征的接受式学习方式，而应代之以学生主动参与、主动探究、主动合作等新型的学习方式。

再次，我们要全新认识教师，确立正确的教学观。古人云："师者，传道授业解惑者也。"在原有的课堂教学中，教师把自己定位于"知识的传授者"，显然是天经地义的。这已被社会接受的教师"角色"经过世代相传，不断强化，并且已异化为"学生学习的监督者"和"学生学习的指令者"。师生关系的和谐，既能提高课堂教学效率，也能让学生的身心健康成长。所以，我们要全新认识教师，确立正确的教学观，实现"角色"的真正转换。

教学过程中，教师要做到"以人为本""以学生发展为本"。特别是在教学亲历产生需求、构思方案、表达交流、制作试验、评价分析和优化综合的过程中，教师只有充分尊重学生的人格，学生才会尊重教师的劳动。这样，师生在亲历过程中才会情感交融、气氛和谐，才能达到师生情感上的共鸣，才能建立新型的、平等和谐的师生关系。

同时，良好的师生关系，还可以减少学生心理疾患、减轻学生各种心灵负担。由此可见，情感不但是师生关系的润滑剂，也是学生学习活动的助推剂，更是学生心灵世界的支撑点。

第二，激发学生学习的兴趣。

兴趣是最好的老师。对我们来说，要想提高课堂教学效率，必须要激发学生学习的兴趣，要让每一位学生都喜欢这门课程，让他们对这门课程产生强烈的求知欲。这也就是我们通常所说的由"要我学"转化为"我要学"。学生一旦树立了"我要学"的理念，就有了强大的内驱力。"兴趣是最好的老师"，兴趣是学生学习的内在动力。所以，在教学过程中，我们尽量让学生的成功多于失败。成功时及时地给予表扬和肯定，让他们感受成功的喜悦，增强学习的信心。失败时不责怪学生，帮助他们分析、查找原因，积累经验。教学中经常用语言、微笑、手势等方式进行鼓励，学生就能尽情地表现自己，最大限度地发挥自己的潜能。

第三，改变教学方式和方法。

老子说过："授之以鱼不如授之以渔。授之以鱼只救一时之急，授之以渔则解一生之需。"古希腊苏格拉底也说过："教育不是灌输，而是点燃火焰。"在他看来，老师就是一个引导者。叶圣陶先生说过："教师主要在于引导学生求得知识，也就是引导学生自己去发现问题，自己去解决问题。”要想使学生自主学习的主动性能保持下去，关键在于掌握学习方法，教师应让学生积极参与，主动探究，这就要求教师做好引导，促进学生自主学习进行探究。让学生在自主学习中去领会、去发现，在自主学习中学会合作交流，掌握自主学习的方法。

新课程改革的核心理念是“以学生的发展为本”。遵循这一理念，课堂教学要“授人以鱼不如授人以渔场”。这里所说的“授人以渔场”就是指要给学生创设问题场、留足探索场、提供创造场、构建情感场。要让学生在教师提供的“渔场”里发现问题、提出问题、探索问题、解决问题，经历“捕鱼”方法的发生、形成、应用过程，真正掌握“捕鱼”方法甚至创造出更好的“捕鱼”方法，获得终身可持续发展的能力。

教育家陶行知先生也说过：“我以为好的先生不是教书，不是教学生，乃是教学生学。”美国心理学家罗斯也说过：“每个教师都应当忘记他是一个教师，而应具有一个学习促进者的态度和技巧。”因此，学会学习是当今教育的重要目标之一，也是顺应时代发展的需要。今天的学生在走出校门之后要适应社会、适应时代，就必须不断学习，终身学习。让学生会学是教师必须担负的职责。因此，教师在教学过程中应该把学法指导渗透到课堂教学的各个环节之中，让学生在学习知识的过程中掌握学习方法，引导学生由“学会”向“会学”发展。“授人以渔场”法对教师提出一个要求，就是教师要教学生学会学习。这样学生才会学习得主动。

现代教学观认为，教学的真正含义是教师教学生如何学习。因此，要使学生学会学习，教师必须从课堂教学改革入手，构建能有效地促进学生转变学习方式的教学模式，形成有利于学生发展的教学方式。采用哪些方法来改变教师教学模式和教学方式，从而带动学生学习方式的改变呢？为此，教学中教师要营造合作交流的氛围。

学会合作交流是现代社会所必需的，也是学习过程应当提倡的组织方式。在设计教学计划和组织课堂教学时，应创设让学生合作交流的机会，使学生在合作中学习别人的方法和想法，表达自己对问题的看法，养成与人合作交流的习惯。教给学生合作交流的方法，教师应该教育和指导学生，在合作交流时虚心学习，认真倾听，细心思考；遇到不同的意见，要等大家充分把观点都摆出来后，再相互比较，修正补充，择善而从之，千万不要别人刚一发言，就横加指责，致使发言者望而生畏，欲言而止。

教育家叶圣陶说过：“教是为了达到不需要教。”新的课程改革要求我们，不仅要让学生学会知识，更重要的是要让他们学会学习。高效率教学，既要“授之以鱼”，更要“授之以渔场”。要把学习方法教给学生，使学生会学，学法得当。

开展“高效率教学的理念与操作”这一课题的研究与实践，就是要求我们的老师在实际的教学过程中要把握整体和谐的原则。

3. 继承创新的原则

贯通古今，融会中西，继承借鉴，发展创新，是高效率教学一以贯之的指导思想和实践原则。

那么，在实际的教学工作中，我们究竟应该如何操作呢？

传统意义上的教育正在发生着深刻的变革，如何培养优秀的人才，是摆在教师面前的主要课题。因此，改进教学模式，优化教学方法，突出学生能力的培养，实现素质教育，创建一套先进的教学模式和教学方法显得尤为重要。

传统的教学模式是以教师为中心，以课堂讲授为主，几乎采用满堂灌的教学方法；忽视了实践环节，特别是动手能力的培养，考试方法、内容和答案限制过死，使学生经历的是一个完全模仿前人的、单纯继承的学习过程，极大约束了学生学习的积极性和创造性。改革现行教学模式的弊病，培养富有创造性的高素质人才，具有深远的意义。

不断优化教学手段，注重教学方法的归纳和总结，建立一种先进的教学模式是培养现代化人才的关键。教学模式包括教学思想、功能目标、操作要领等。它是组织学生对某些有效的个体教学活动方式进行优选、概括和加工的结果。另一方面，教学模式的实际执行者是教学的实践对象，即教师和学生是教学活动中的实践主体。

我们的课堂教学活动需要继承与创新并重。传统教育确实有许多不足需要创新发展，但同时也有许多优点需要传承。我们现在进行的课程改革就是发扬传统课堂教学中的优势，在此基础上有所创新，绝不是否定过去，另搞一套。因为创新的源泉在于继承，前人在长期的实践中为我们留下丰厚的经验，我们应该在批判地继承前人传统的基础上，客观分析我们现今的实际情况，有的放矢地进行创新活动，这样会使我们的创新在高原上筑起新的高峰。

传统的课堂教学是在教学的发展过程中逐渐形成并积淀下来的，它与新课堂的教学活动不是完全一致的，但两者不是相互排斥、截然对立的，我认为它们处于并存和互动的状态。实际上，传统教学中的优良因素加以转换后可成为新课堂的重要组成部分，只要教师能在哲学扬弃的观点指导下，新的教育理念引导下，把我们传统的教学基本功，比如，语言表达、板书、演示、实验这些我国基础教育的一笔财富适时给予更新，教师的教学技能都将在新课程中发挥重要作用。

过去的课堂上教师讲得多而精彩学生也会喜欢，但如果多却不得要领，课堂就变成了老师不顾对象喋喋不休的自我倾吐场所，学生也没有了思考的空间和话语的权利，只有被动地接受。时下的教学目的不是传授给学生结论性的东西，而是教给一些学习方法让他们自己去获得知识。因此便有了“积极提倡自主、合作、探究的学习方式”这一理念的提出。高效率教学提倡以学生为中心，由教师组织、指导教学过程的实施；课堂讲授少而精，侧重实践、侧重能力培养。

高效率教学强调学生是学习的主体。在实际运用和贯彻中，它没有固定的模式，具体方法是多种多样的，主要使学生参与到教学过程中来，积极发表自己的观点和见解。爱护和培养学生的好奇心和求知欲，通过教师和学生的共同参与，促使学生人格健全发展，培养学生自主学习的能力。

在教学过程中，学生知识的获得，必须通过学生积极思考和实践活动，必须激发学生在学习过程中的积极性、主动性和独立性。因此，把课堂还给学生，把学习的主动权交给学生，让学生自主学习，给学生充分的学习时间，放手让学生自主学习，创设自学的“气氛”，让学生的学习主动性得到充分的发挥，这是培养学生自学能力的主渠道。

尤溪县实验小学吴丽青老师在《如何培养学生自主学习能力》一文中这样写道：

第一，提供给学生“学”的方法，培养学生的创新能力。

提供给学生学的方法，有如交给学生打开知识大门的钥匙。学生掌握了方法，才能真正把握学习的主动权，真正属于学习主体位置。学生的创新意识，只有在自主探索问题与解决问题的过程中才能得到培养。因此，教学时应从学生的年龄特点和认知特点出发，留给学生足够的探索空间，让学生通过预习、质疑等具体活动提高创新能力。

第二，提供讨论交流的机会，培养交际能力。

为学生提供畅所欲言、各抒己见的机会，能有效地培养学生的交际能力。引导学生自主学习，教师首先要给学生创设一个民主、平等、和谐的环境，让学生充满自信。我在教学中，经常设计小组讨论、全班交流的环节，让学生做学习的主人，充分表示自己的思维方法及过程，揭示知识规律和解决问题。这样，加强了学生之间的交往和沟通，促进相互了解，促进不断反思自己的思考过程，同时对其他同学的思路进行分析思考做出自己的判断，这种活动不仅锻炼了同学们的交际能力，也增强了他们的生活实践能力，这也是一种合作学习。这种合作学习给每个学生提供了表现自己的机会，不仅使自己对知识的理解更丰富、全面，而且充分放飞了自己的想象力，使能力得到提高，同时也培养了学生之间团结友爱、互助合作的精神。

第三，提供良好的学习氛围，激发自主学习的兴趣。

教师在课堂上创造轻松、愉快的学习气氛，能使学生情绪高昂，思维活跃，学习兴趣和信心倍增，智力活跃，接受能力强。生动的表演能营造愉悦的学习气氛，激励学生主动参与，激发浓厚的学习兴趣。

第四，提供动手操作的机会，发挥学生的主体作用。

把课堂还给学生，就要让学生在课堂上有独立思考的时间，在教学过程中，放手让学生通过自己操作、实验、想象，可以让学生在主动的探索过程中发挥主体作用。

综上所述：教学活动是在教师、学生和知识构成的一个复杂系统(教学环境)中，以知识为中介，通过师生间、生生间的交流和碰撞，从而促进学生获得知识的过程，它的本质是通过教师的教促进学生的学。正是由于教学过程的复杂性，导致了学生学习方式的多样化。

从学习过程中信息的传输方向来看，有接受与发现之分；从学习过程中学生自主性的发挥程度来看，有自主与他主之分；从学习过程中学生之间的相互作用水平看，有合作学习与独立学习之分。

发现学习有利于学生对知识的深入理解，有利于让学生体会科学研究的一般方法，发展学生的科学研究能力。在学习过程中促进学生自主性的发挥，对学生学习将起到巨大的积极作用，有效地促进学生的学习。而合作与交流的能力是时代对公民提出的一个十分具体而重要的要求，随着时代的发展，社会化的程度不断加剧，在这样的社会背景下，可以说几乎很难有一件事情是一个单独的个体所能独立完成的。因此，发展学生合作交流的意识和能力成为教育的一个重要任务，因而在课堂教学和学生的日常学习中加强学生之间的合作学习，是时代的要求；同时，在合作学习中，学生通过对问题的争辩与交流，也更易于获得对问题本质的理解。

而1996—1998年教育部对9个省市义务教育课程的实施状况调查表明，校长和教师认为学生以被动接受方式学习的比例，小学和初中分别高达79%和90%，学生的学习方式相对比较单一，比较偏重于接受学习、独立学习，学生学习的自主性发挥不够。因此，课程改革中应关注学生学习方式的改变，倡导自主探究、合作交流的学习方式。

开展“高效率教学的理念与操作”这一课题的研究与实践，就是要求我们的老师在实际的教学过程中要把握继承创新的原则。

第三节　高效率教学的时代价值

多年的研究和实践表明：高效率教学对全面实施素质教育具有重要的理论和实践价值。

1. 夯实素质教育的基础

现在我们提倡素质教育，而素质教育又强调要促进学生的全面发展。关注学生全面发展已经成为我们教育的主题。关注学生全面发展是让每一个学生都得到发展，让每个学生在每个方面都能够得到发展。所以，开展“高效率教学的理念与操作”这一课题的研究与实践，能够对基层学校和广大教师全面实施素质教育具有重要的理论和实践价值。

传统的课堂教学过分地强调认知性目标，知识与技能成为课堂教学关注的中心，教师以传授知识为本，智力、能力、情感、态度等其他方面的价值多被忽视。长期以来，教师成为课堂教学的主导者和控制者，是绝对的权威。

所以，在大多数的课堂上，往往是教师滔滔不绝地讲，学生被动地静静地听或记，教师习惯于将学生的思维活动纳入自己事先设计好的教学轨道之中，学生成了接受知识的容器，忽视了学生的个性发展和全面发展。

高效率教学强调教学过程是师生交往互动、共同发展的过程；教师不再是知识的传授者，而是学生发展的促进者和引导者；教师应创设引导学生主动参与教学的情境，促进学生主动地、富有个性地学习。在重新审视传统课堂教学的弊端时，结合新课程的教学理念，对高效率教学有了新的认识。为此，应该从以下几个方面做起：

第一，给学生一个自己的空间。

爱主动、喜自由是学生的天性。既然少年儿童期是孩子张扬个性的时期，我们应当抓住这一关键时期正确引导，为学生创造属于自己的空间。

传统的教学忽视了学生自己的宝贵的想法和创造，教师成为课堂教学的主导者和控制者，是绝对的权威。通过这次学习我学到了很多，新课改就是要把课堂还给学生——给学生创设独立的空间。把课堂还给学生，就是在课堂教学中教师要尊重、善待每个学生，让每个学生在班集体中有属于自己的一席之地。引导学生主动自觉地去探索、去发现、去学习。在课堂上，教师要常鼓励学生说自己想说的心里话，说与别人不一样的话，允许学生参与讨论发言。探讨问题时，做到师生平等、生生平等。教师要为学生创设和谐宽松的说话空间，这样学生才能树立自信心，敢于说话，凸显人格，其创造潜能才能得以表现出来。

第二，给学生一个选择的机会。

以往的教学中，学生被动地接受教师指定的内容，致使学生学习兴趣降低。其实，我们的课堂教学不妨让孩子们有选择地说、有选择地读、有选择地背，充分发挥孩子们的主体性和创造性。

■ 让学生选择，为学生心理减负

以往的教育，学生只有“服从”，缺乏学习主动性。他们只能被动地接受知识，没有选择的自由。因此，他们的心理负担较重，当学生在课堂上有自己选择学习内容的权利、选择学习形式的机会时，他们就会变得活跃起来，学习兴趣大增。他们根据自己的情况做出决定，有的选择自己会的内容以获得成就感；有的选择难的内容来挑战自我能力，还有的选择自己的特长来表现学习结果。

例如，教学《东方之珠》这一课，在学生初读课文的基础上，教师问孩子们：“去香港旅游，你最想去哪儿？”学生兴趣盎然，争相说出自己的选择。有的说我想去浅水湾，因为浅水湾这一段写得最美；有的说海洋公园这一段写得最美，所以我想去海洋公园……这时，教师又鼓励具有相同选择的孩子组合在一起，从课文中找出描写自己想去的那个地方的内容来学习。通过细读课文，互相讨论，查阅有关资料等，最后再进行现场演说，人人争做小导游，把自己所学的介绍给大家，大家越学越带劲，真正成了学习的小主人。实践证明，给学生更多选择的机会，可以减轻学生心理负担，有利于学生个性发展。

■ 让学生选择，还学生创新的自由

无论是创新精神，还是创造能力，都是以活跃的思维为前提，而活跃的思维需要宽松舒适的物化环境和宽容、信任的心理环境。在课堂教学中让学生选择自己喜欢的自然段学习，成功地为学生提供有利于学生创造的条件，可以消除教师对学生的“思维控制”，学生可以展开想象的翅膀，在广阔的时空中任意翱翔。

例如，教学《夕阳真美》这一课时，教师让学生自主选择不同的自然段来学习，在读课文的基础上，让学生用手中的彩笔画出不同的自然段中描写的不同时候的夕阳，并加以描述，孩子们画得专心致志，说得兴高采烈。有的把太阳的脸画得红红的，说太阳和云儿一起唱歌，高兴得脸儿都红了；有的只画了连绵起伏的西山，并涂上金黄色的边儿，说太阳把西山涂成金房子，躲在里面美美地睡了……孩子们画得美，说得更美。在这种宽松的环境中，学生选择自己喜欢的自然段学习，迸发出智慧的火花、创新的愿望。师与生双方都同时感受教与学的无穷乐趣，使教学活动充满生命的活力。学生的创新精神和创造性思维能力在不知不觉的选择学习中得到培养和提高。

第三，给学生提供一个展现自我的舞台。

■ 展现个性

中小学生喜欢活动、游戏、表演，那是他们的天性，语文教材中蕴藏着许多表演、游戏等因素。因此在课堂教学中，可以设计一些活动表演环节，让每一位学生都有机会展示自己。在学习生字时，可进行生字辨认过关游戏；阅读课文时，除了进行分角色朗读、比赛、游戏等外，还可进行表演，帮助理解课文内容，突破难点。

例如，《卢沟桥的狮子》一文中描写狮子的五种不同形态，语言非常优美、富有文采，但较抽象，学生记忆起来有困难。教师采取师生同台表演：教师扮演母狮子，找几位小朋友扮演小狮子并做出不同的姿态。这样化抽象为形象，静态与动态统一，使同学们仿佛走进了形态各异、栩栩如生的狮子世界。此时，课堂气氛热烈，每位同学都争着上台表演，为了让每个学生都得到展示，老师让他们在下面各自表演自己最喜欢的狮子的姿态，他们各自在体验着自我，体验着成功的快乐，将抽象的语言与直观的形象相结合，大大降低了识记的难度，并轻而易举地理解了“偎依”“千姿百态”“躲”等词语。同时对学生写作能力也有了进一步的提高。

■ 展现能力

中小学生有喜欢动手、善于动手的特点。动手，可使人的大脑灵活，可使学生把想象变为现实。学生通过自己动手得到创新成果时，会感到无比喜悦和自豪，会激起他们不断创新的兴趣，进一步引发创新探究的意识。如教学《田忌赛马》一文时，田忌两次赛马的顺序不同是课文的关键，教师让学生动手用马的图片摆一摆、想一想，怎样调换赛马的顺序，才能转败为胜。这个问题的抛出，使学生的学习积极性大大提高，他们积极动脑、动手摆出几种不同的赛马顺序。同学们在积极参与的过程中，通过动手动脑，变抽象的文字为直观的画面，理解了课文，同时自己的读书理解能力也得到了提高，个性潜能得到了充分发挥，学习的劲头也越来越足，学生的主体性得到了真正体现。

■ 展现创造性成果

在第二课堂中，通过开展综合实践活动，展出孩子们的成果。如通过演讲、表演、讲故事、唱歌、器乐演奏、朗诵、背诵、猜谜语、脑筋急转弯等活动，让学生充分展示自己的才能。在活动中注意激励性评价，保护孩子们的创新意识。教师要竭尽全力地肯定学生的一切努力，保护和激励学生所有的创造欲望和尝试。如评出“最佳演员”“小作家”“小百灵”“小播音员”“小朗诵家”“小演奏家”“小画家”等称号给予学有所长的学生；又如，把“故事大王”“小制作家”“小神通”等称号给予创造力强的学生；再如，把“小红花”“小红旗”奖给学习有进步的学生……这样通过不断的激励方式，使每个学生获得学习的成功感，享受到成功的快乐，他们的学习就变得更为主动，个性的发展也更为自由。

实践已经证明，而且将继续证明：学生学习知识的最佳途径就是让学生自己去发现，因为这种发现最详细，也最容易掌握其中内在的规律，超越知识和技能，走向智慧和鲜活。

——摘自《小学语文教学中学生个性发展的策略》

作者：东丰县猴石镇中心小学　王秀芹

高效率教学拉近了教师与学生之间的距离，拉近了学生与生活之间的距离，自主、合作、交流、探究学习已经成为主要的教学形式。这在一定程度上夯实了素质教育的基础。

2. 突出素质教育的重点

新的课程理念倡导建构学习，尤其突出强调课堂教学要培养学生搜集和处理信息的能力，获取新知识的能力，分析和解决问题的能力以及交流与合作的能力。这就使课堂教学注定要从封闭走向开放，从单一走向综合，为培养学生的创新精神和实践能力提供广阔的空间和平台。所以，开展“高效率教学的理念与操作”这一课题的研究与实践，能够对基层学校和广大教师全面实施素质教育具有重要的理论和实践价值。

以培养学生的创新精神和实践能力为重点全面实施素质教育，是当前基础教育改革的重点，也是跨世纪教育变革的根本任务之一。为此，在教学中要改变传统教学中重书本知识传授，轻实践能力培养；重学习结果，轻学习过程；重间接知识的学习，轻直接经验的获得；重教师的讲授，轻学生的探索；重视考试成绩等弊端。因为这一切不仅造成学生学习兴趣下降，学习负担加重，探索精神萎缩，而且极大地妨碍了学生整体素质的全面提高，影响了教育方针的全面贯彻落实，影响了跨世纪一代新人的培养。

新世纪将对人的培养提出新的更高的要求。未来的教育要让学生学会认知、学会做事、学会共同生活、学会生存。未来的教育绝不能只满足于给学生一点知识和技艺，它必须将学生置于一个有尊严、有个性、有巨大发展潜能的活的生命体的位置上，全面关注他们的发展需要，关注他们的精神生活，开发他们的创造潜能，激发他们的创新精神，不断提高他们的生命质量和生存价值，进而使他们在生动活泼、主动和谐的发展过程中真正为自己一生的幸福做好准备。这是一个至高的目标和境界，它要求我们教师必须对传统教育从思想观念到操作方法进行彻底的全方位的变革。

学生创新精神、实践能力的培养是在学生丰富多彩的自主活动中实现的，不是外界强加于学生的。从这个角度看，创新教育的关键或教学的直接任务，是要创造出学生的活动，是要给学生提供适宜的活动目标和活动对象，以及为达到创新精神培养目标所需的活动方法、条件和环境。通过学生全面、多样的主体实践活动，促进他们主体性、创新精神、实践能力及多方面素质的整体发展。教学过程中建构以学习者为中心，以学生实践性、自主性活动为基础的动态、开放的教学过程；激励学生主动参与、主动实践、主动思考、主动探索、主动创造为基本特征，以促进学生创新精神及整体素质全面提高。为此，在实际的教学过程中，我们要做好以下几方面的工作：

第一，以活动促发展。

人的发展是在主体与外界环境相互作用中实现的，“以活动促发展”的主张是活动教学的立论基础和实践切入点，是活动教学的灵魂。对学生的发展来讲，学生主体活动是学生认知、情感、行为发展的基础，无论是学生思维、智慧的发展，还是情感、态度、价值观的形成，都必须经过学生主体自觉参与的、全身心投入的活动来实现。为此，教育教学的关键就是要创造出学生的真实活动，让学生作为主体去活动。

第二，以学习者为中心。

活动教学重视活动在发展中的独特价值，必然注重学习者“学”的活动。活动教学认为，学生的学习过程是学习主体对学习客体的主动探索。不断创新，从而不断发现客体新质，不断改进已有的认识和经验，建构自己的认知结构的过程，而不是通过静听、静观接受现成知识结论的过程。为此，特别强调主动学习、主体实践的教育价值，注重发挥学生的主体地位，通过学生亲身的活动和实践，变被动消极地学为主动积极富于创新地学，使学习成为学生主体的自主活动。

由于活动教学将“活动”视为学生发展的必由之路，作为行动主体的教师和学生都将在课堂教学中焕发出生命的活力。他们的共同参与相互作用会使教学成为创造性地实现教学目标的过程。我们在教学中要注意捕捉新的信息并及时判断其价值，同时创造性地将它们转化为新的教学情境，为学生提供新的发展机会。

教育的灵魂在于教人创新而不是复制。人人都有创新的潜能，这种潜能是可以开发和培养的。一切天性和诺言都不如创新的习惯更有力量。教师要善于运用创造性的方法，挖掘教材中蕴含的创造性因素，引导、启发学生进行创造性学习。这在一定程度上突出了素质教育的重点。

3. 强化素质教育的核心

高效率教学是把教育教学过程中一些共性的东西通过个性化的内容形式付诸实践，并赋予其活力和创新性，使素质教育从文件要求走进学校和生活的实际。所以，开展“高效率教学的理念与操作”这一课题的研究与实践，对基层学校和广大教师全面实施素质教育具有重要的理论和实践价值。

学校是培养人才的重要基地，学校教育活动直接关系到青少年学生各方面素质的发展，决定着全民整体素质的提高。在实行改革开放、发展社会主义市场经济的新环境中，学校的教育教学工作，应当坚持“以人为本”，全面贯彻党和国家的教育方针，以“三个面向”为指导，全面实施素质教育，全面提高教育质量。

教育的根本功能是促进人的成长与发展，素质教育必须以人为本。根据国家的教育方针，努力把学生培养成有理想、有道德、有文化、有纪律，德、智、体、美等全面发展的社会主义事业接班人。追求每个学生的生动、活泼、主动发展，“一切为了孩子，为了一切孩子，为了孩子的一切”，是每个教育工作者应确立的基本信念。

素质教育的核心是确立以人为本的教育理念，而“以人为本”的观点应具备“以学生为主体”“发展学生的个性”和“以发展的观点来看待学生”三个要素。

以学生为主体：成长无法替代，发展必须主动。学生的头脑不是一个被填满的容器，而是需被点燃的火把。教师的责任就是点燃火把，让它燃烧。我们应该给学生留下充足的课余时间；在课内留有充分的思考空间，“带着知识，走向学生”，不过是“授人以鱼”；“带着学生走向知识”，才是“授人以渔”。教师是学生成长的引导者，学生发展的领路人。而学生本人才是成长的主人，发展的主体。

教学过程中，应当尽可能设计不同的教育内容、形式、标准实行教学的多元化，教师要“目中有生”，既要了解研究学生共同的年龄特征，更要了解研究每个学生的不同特点。我们不能一味按考试分数高低来看学生，更不能以分数排列、张榜公布。而应看到每个学生的长处和不足、优点和缺点，因材施教，扬长补短。培养学生的爱好和特长，为每位学生提供充分的机会与空间，让更多的孩子拥有健康的心态、健全的人格和自信的人生。每一个儿童都是一个珍贵的生命，每一个学生都是一幅生动的画卷。教师应当体会儿童生命的最大丰富性和主动性，关注学生成长与发展的每一点进步，帮助学生发现自己肯定自己。

素质教育是一种新的教育观念，又是一个教育实践过程。新的教育需要新的教育观念做指导，新的教育观念需要通过具体的教育过程、教学过程、师生关系等的改变来实现。这是一个相辅相成、不断发展的目标。因此，我们每一位老师，都应有学习新思想、新概念、新学识、新知识的意识，做更新教育观念的先行者。

在文登教研师训网上看到过这样一篇文章题目是《如何提高课堂教学效率》文中写道：

课堂教学蕴含着巨大的生命力，只有师生的生命活力在课堂上得以有效发挥，才能真正有助于学生的培养和教师的成长，课堂教学才能真正地有效。从教学时间上看——课堂教学占据学生的时间最长。从教学功能上看——不同的课堂教学水平带来不同的教学效果。从教学效率上看——不同的课堂效率会带来不同的学习效果。

“备课、上课、批改、辅导、考试、研究”是教学过程的主要环节，要提高教学质量，关键是聚焦课堂，在新理念下科学地突出重点、突破难点、落实知识点，体现三维目标，融入品德教育，上好规范课，提高课堂教学效率。为此，要做到以下几点：

第一，更新理念，解放思想。

上好课，不仅要研究课标、教材、教法、学法，更要研究教育思想。新课程的核心追求是：转变人才培养模式；重视培养创新精神和实践能力；促进学生全面而有个性地发展；为民族振兴和创新型国家建设做出贡献。

深水无声，大爱无言。教师在教育教学中要充分展示人格魅力，处处体现教育不留痕迹的真谛。多尊重，保护学生的自尊心；多激励，增强学生的自信心；多期待，激发学生的上进心。素质教育的核心是启迪、开发学生的想象力、创造力和发展潜力，不同的课程只是实现这一目的的具体渠道。

教师要以课改理念为先导，以优秀教师教学经验为依托，以现代教育技术为支撑，提升教师基本素质，提高教师专业水平，更好地为教育教学服务。以学生为本，关注学生发展，德育为先、能力为重、全面发展。促进全体学生发展，而不是少数学生的发展；促进学生全面素质(德智体诸方面)的协调发展，而不是片面发展；促进学生主动、生动活泼、全面基础上的特色发展，而不是被动、完全均一地发展。让学生在教学过程中学习，既学习掌握知识，又得到情操的陶冶、智力的开发、能力的培养，同时又可形成良好的个性和健全的人格。教学过程既是学生掌握知识的过程，又是一个身心发展、潜能开发的过程。

第二，强化备课，面向全体。

备课时应做到“十二备”：备课标、备教材、备学生、备教法、备学法、备引入、备设问、备训练、备小结、备板书、备教具、备作业。备课要充分利用现成课件，注重学习他人的教学经验。备课在遵循课标把握教材、处理教材上下功夫。注重新旧知识之间的有机联系，以旧引新，讲新带旧，做到温故而知新；分解难点，降低坡度，将教学过程科学合理地分解为若干个环节、层次，分阶段、有层次地达到教学目标。根据学生的实际，适时调整教学目标、教学进度、教学内容，精选例题、习题和作业。教学目标的预设、教学内容的选择要结合学生实际。针对课标、教材、学生实际做“三不讲”分析，即学生已经会的教师不讲；学生能自己学会的教师不讲；教师讲了学生也不会的教师不讲，也就是学生随便怎么跳都摘不到。学生会的反复讲，学生掌握不了的还要讲，危害也更大，其显性后果是浪费课堂教学时间，隐性后果是学生学习积极性的下降，并导致学生学习成绩两极分化的加剧。

高效率教学倡导“自主、合作和探究”的学习方式。一个人今天在学校的学习方式，必然会与他明天的社会生存方式保持某种内在的一致性，而自主、合作和探究的学习正是这种一致性的重要切入点。自主、合作和探究首先是一种精神。自主就是一种主动承担学习责任的态度，是一种积极钻研、主动求教的精神，而不是教师不讲、学生自己学习就是自主学习；合作就是发现他人的优点，学会欣赏他人，学会用开放的心态接纳他人，同时学会尊重、谦让，这就是合作的灵魂，而不是几个人在一起讨论就是合作；探究也是一种精神、一种气质、一种好奇心，什么东西都去琢磨，刨根问底，而不是简单地第一步提问题，第二步提出设想，第三步解决问题，第四步验证。

第三，优化上课，突出核心。

教学全过程要坚持“问题由学生提出，规律由学生寻找，结论由学生归纳”的新型教学理念。讲课安排要实施低起点、小步子，处理好各层次、环节之间的衔接和过渡，做到分解难点、降低坡度；教学过程要多活动、快反馈，活动的主要形式是猜一猜、想一想、试一试、议一议、做一做等，保证学生动手、思考练习的时间和质量；练习中发现问题，及时反馈，及时矫正；教学方法要以启发式与探究式教学为主，注重多种教学方法的整合应用，减少模仿，增加尝试；教学手段要不断改进，通过充分利用现有的教具、学具、仪器设备，增加教学容量，加快教学节奏，突出核心知识，提高课堂教学效率。课堂教学时教师要有激情，学生才能有热情，教师要能做到在学生心求通而不得、口欲言而不能时及时点拨，经常有顿悟，使学生感到新课不新、旧课不旧。

高效率教学提倡要为每个学生提供尽量多的课堂表现的机会，让学生感受“成功体验”。所谓“成功体验”，就是要求教师在教学过程中为每个学生创造尽量多的获得成功体验的机会，借助成功体验的积极效应，促进学生的健康发展。让每个学生都成为成功的学习者。让大多数学生在每一门学科中都有少量的高峰学习体验。

第四，搞好教研，提高质量。

苏霍姆林斯基说：“如果你想让教师的劳动能够给教师一些乐趣、使天天上课不致变成一种单调乏味的义务，那你就应当引导每一位教师走上从事一些研究的这条幸福的道路上来。”

因此，高效率教学倡导以校本教研为切入点，让教师开展自己的教研，发表自己的看法，解决自己的问题，改进自己的教学，使教师成为更具人格魅力的人。

对老师来说，教育教学既是一种科学，又是一种艺术。研究“怎么教”与“怎么学”，这既是教学科学化的要求，也是广大教师的实际需要。

教学怎样教决定怎样学，教师教学方式的转变是学生学习方式转变的基础。高效率教学是师生互动、心灵对话的舞台，是师生共创奇迹的时空，是向未知挺进的旅程，是向每一颗心灵都敞开温情的怀抱，是点燃学生智慧的火把，所以，这在一定程度上强化了素质教育的核心。

第二章 高效率教学的探索与实践

第一节 高效率教学的目标和活动设计

什么叫教学设计?

教学设计就是教学的设想和计划，是指为了达到预期的教育目标，遵循教学的基本规律，对教学活动进行系统规划的过程。教学设计不仅包括“教的设计”“教什么，如何教”，还包括“学的设计”“如何指导学生学”“如何引导学生探究和发展”，等等。

当然，任何教学目标和活动的设计在实际的课堂教学情境中都有可能会调整，甚至会完全改变。课堂教学更多的是预设性目标与生成性目标在教学过程中不断转化的过程。

1. 创设和谐、愉快的课堂

和谐、愉快的课堂教学氛围能够使学生积极投入思考、寻求、探索的活动中去，为一堂课的成功铺下基石。营造一个和谐、愉快的教学气氛，学生们才会全身心地投入学习，才能体验愉快；才能使他们在轻松、赞许、信任、竞争的气氛中坚定学习信心，激起学习热情。

那么如何创设和谐、愉快的课堂?

让我们一同走进特级教师张建平老师的精彩课堂。

《看企鹅》

【精彩课堂实录】

■ **以趣激学，调动参与**

师:(放《动物世界》片头企鹅录像)同学们，今天老师给你们请来了许多小客人，你们看是谁呀？

生：是企鹅。

师：(板书：企鹅) 你们知道企鹅的老家在哪儿吗？

生：企鹅的老家在南极。

师：对了，企鹅的老家在南极。中国南极考察团的叔叔给我们带来一位珍贵的客人，(出示企鹅标本) 这就是——

生：(齐说) 企鹅。

师：你们仔细看一看，企鹅是什么样的？看的时候，可以从上往下看，先看看企鹅的嘴是什么样的，再看看它背部的羽毛什么颜色，胸脯、翅膀是什么样的，最后看看它的脚。

生：企鹅的嘴是尖尖的、硬硬的。

师：说得很好！

生：它的背部羽毛是黑黑的。

生：它的肚子上是一个白胸脯。

师：说它的胸脯白白的更好些。

生：企鹅的肚子圆圆的。

生：企鹅矮矮胖胖的。

生：企鹅还有一对小小的翅膀。

生：它还有一对金黄的脚。

师：还有什么没说？(把企鹅标本背向学生，指着企鹅的尾巴) 别忘了，它还有一个小小的尾巴，对不对？

生：(齐说) 对！

师：这只小企鹅呀，想请一个小朋友上来帮它做个自我介绍，注意按刚才看的顺序讲。谁愿意上来？(出示“企鹅”头饰，学生纷纷举手欲试)

生：(一学生头戴“企鹅”头饰) 我的名字叫企鹅。我家在南极。我的嘴尖尖的、硬硬的。身上披着黑黑的衣服，胸脯白白的，圆滚滚的身子上长着一对小小的翅膀。我喜欢站着望远方。小朋友，你别小看我，我还会游泳呢！(边说边做划水的样子) 考察团的叔叔把我带到这儿，你们喜欢吗？

生：(齐说)喜欢。

生：我作为南极的使者也欢迎你们到南极去做客。你们愿意吗？

生：(齐说)愿意！

师：他表演得真好，我们表扬他。(鼓掌)

师：我们今天学习的课题是《看企鹅》。(在“企鹅”板书前加上“看”)

(生齐读课题)

师：课文中有一小节是写企鹅样子的，请小朋友找一找是哪一小节。

生：(速读课文)是第二小节。

师：对了。第二小节有几句话？哪一句话是写企鹅样子的？把这句话读一读。

生：“它们披着黑衣服，挺着白胸脯，圆滚滚的身子上长着一对翅膀，傻乎乎地站在那里，真有趣！”

师：我听出来了，他很喜爱企鹅。小朋友，一起来读一读，读出对企鹅的喜爱的心情。一起读第三句话。

(生齐读第二小节第三句话)

■ 以题导学，授之以渔

师：这篇课文除了写企鹅的样子，还写了一件什么事呢？我们继续来学习课文。这篇课文的课题上带有星号(标上“★”)，像这样带有星号的课文怎么学呢？

生：我们自己学。

生：在老师的帮助下，我们自己学。

师：对了。像这样的课文，我们要在老师的帮助下自己学懂它。编书的叔叔阿姨可好了，像这样的课文，课后思考题不仅向你提出了问题，还告诉你读书的方法。这篇课文课后一共有两道题，请大家读一读，想一想，哪道是要你回答的问题，哪道是告诉你读书的方法。(出示课后题)

(生轻声自由读题。)

师：我们一起来看，这两道题哪道是你要回答的问题呢？

生：是第二道题。

师：哪道是告诉你学习的方法？

生：第一道题。

师：谁把第一题来读一读？

生："看拼音读课文，把不懂的词画下来，和同学讨论讨论。"

师：看着黑板和老师一起把这道题读一读。学习这篇课文先要——（生："看拼音读课文"）接着——（生："把不懂的词句画下来"）最后——（生："和同学讨论讨论"）下面就请小朋友看拼音读课文。想一想这篇课文主要写一件什么事？读好以后可以把不懂的词句画下来。

■ 引导生疑，自析自悟

（生看拼音自由读课文）

师：这篇课文主要写谁在哪儿看企鹅的？

生：主要写小光在动物园里看企鹅。

师：对了，读了以后你有哪些词句不懂呢？

生："秩序"这个词儿我不懂。

师：（出示生字卡片"秩 zhì 序 xù"）小朋友一起读一读。

师：这个词我们学课文的时候再讨论它。还有呢？

生："饲养员"是什么意思？

师：谁告诉他什么人是饲养员？

生：饲养员就是专门给动物喂食的人。

生：饲养员就是指养动物的人。

师：对了。还有呢？

生：我不懂得"轮流"是什么意思。

师：刚才（手指一个同学）这位同学先回答老师的提问，而后那位同学回答同样的问题，这就叫作"轮流"。他们是不是一起说的？

生：不是的。

师：一个挨着一个地，就叫——

生：(齐说)“轮流”。

师：还有呢？

生：“逗”是什么意思？

师：小企鹅有没有逗我们啊？

生：逗我们了。

师：把我们引得哈哈大笑。“逗”是什么意思？

生：“逗”就是你不笑的时候大家把你引得笑起来？

师：其他还有什么词儿？

生：“yòu 不在乎”。

师：这个词儿你读错了，老师写在这儿。(出示生字卡片)“毫 háo 不 bù 在 zài 乎 hu”，请大家读一读。

(生齐读两遍)

师：还有什么词儿？

生：我不懂得什么叫“傻乎乎”。

师：“傻乎乎”本来指笨头笨脑的样子，这里用“傻乎乎”不是说它笨，而是说企鹅样子很可爱。还有什么词？

生：“目光”。

师：老师现在看着你，眼神就是目光。

生：“拥上去”的“拥”我不懂。

师：就是一齐挤上去，那么“拥”就是——

生：挤的意思。

师：(出示词卡：“责 zé 备 bèi”)还有一个词请你们读一读。

(生齐读两遍)

师：刚才小朋友提的词语可多了，有的词放在学习课文时去理解它。

■ 以题统文，注重内化

师：下面请小朋友边读课文，边解答课后第二道题。先来看第二道题的第(1)小题：“看企鹅的人很多，大家是怎样做的？小光是怎样做的？”(出示课文插图)请小朋友读读课文，看看图，想一想，课文的哪一小节写出了图上的情景呢？

生：第一小节。

师：对了。就请你把第一小节读一读，其他同学想一想："大家是怎样做的？小光是怎样做的？"

（生读课文第一节）

师：下面就请大家拿出笔，用括号分别标出大家是怎样做的，小光是怎样做的。

生：我找的一句话是"大家排着队很有秩序地边走边看"。

师：你们找的是不是这一句？

生：(齐答)是的。

师：(板书：大家排着队)小光呢？

生："小光跑过来，他使劲往前挤，把一位叔叔挤到左边，把一位阿姨挤到右边。"

师：对了。小光可不是排着队，用书上的话说——

生：使劲往前挤。

师：(板书：使劲挤)你们看一看(指图)小光呀，把一位叔叔挤到——(生："左边")把一位阿姨挤到——（生："右边"）他从后边挤到——（生："前边"）大家是不是这样做的呢？

生：(齐说)不是。

师：(指图)大家排着队这样边走边看，很有——

生："秩序"。

师："秩序"是什么意思呢？（出示词卡"秩 zhì 序 xù"）

生："秩序"就是表示很整齐。

师：有一定的顺序这就叫——

生："秩序"。

师：小光可不是这样做的，他把人家挤到旁边去了，大家喜欢他吗？

生：不喜欢。

师：大家就向他投来——（出示词卡："责 zé 备 bèi"）

生:“责备的目光”。

师:“责备”是什么意思呢?

生:“责备”就是很怪他。

师:对了。“责备”就是批评他。一齐读读。

(生齐读两遍)

师:(指图)小光知道人家责备他吗?

生:不知道。

师:从课文中哪个词儿看出来?

生:他“毫不在乎”。

师:对了。(出示词卡“毫 háo 不 bù 在 zài 乎 hu”)一齐来读一读。

(生齐读两遍)

师:“毫不在乎”是什么意思?

生:“毫不在乎”就是他一点儿也不去看人家一眼,不去注意人家的表情。

师:再看看课文中写他“毫不在乎”的句子,一齐把它读一遍。

生:(齐读)“小光毫不在乎地挤到前面,望着企鹅高兴得又蹦又叫。”

师:大家排着队看企鹅,这说明了什么?

生:说明了大家很守纪律。

师:小光呢?

生:他不守秩序。

师:请大家把书拿起来,根据老师的提问把第一小节读一读。有的是我读,有的是小朋友接下去读。(师读)“动物园新来了几只小企鹅。星期天,看企鹅的人可多啦。”大家怎么做的?

生:(齐读)“大家排着队,很有秩序地边走边看。”

师:这时候,小光又是怎样做的呢?

生:(齐读)“小光使劲往前挤——”

师:“大家向小光投来责备的目光。”小光知道吗?

生:“小光毫不在乎地……又蹦又叫。”

师:课文的第一小节主要写什么呢?你用黑板上这些词语说说看(指板

书)。

生：第一小节主要写大家排着队看企鹅，小光使劲挤着看企鹅。

师：小光使劲挤到前面，除了看到企鹅的样子，还看到了什么？请小朋友再来看一幅图(出示课文第二幅插图)。

生：他还看到一位饲养员叔叔给企鹅喂食。

生：他还看到小企鹅排着队去吃食。

师：对了。他还看到小企鹅排着队去吃食，没有一只乱抢。(板书：看排队吃食)小光看到饲养员叔叔来喂企鹅了，他是怎么想的？课文的第几小节写出了这幅图上的情景？

生：第三小节。

师：小光起先是怎么想的？

生："小光瞪大眼睛瞧着，心想：小企鹅一定会拥上去抢食吃。"

师：小光为什么会有这样的想法？

生：他自己就不知道守秩序。

师：说得好！可小企鹅是怎么做的呢？

生："没想到，小企鹅摇晃着肥胖的身体，有秩序地排着队，一个一个地去吃食，没有一只乱抢的。"

师：对了。我们一起把第三小节读一读。注意，写小光做法的句子请男同学读，写小企鹅做法的请女同学读，其他的句子老师读。

师：第三小节写小光看到了什么？

生：第三小节写小光看到了饲养员给企鹅喂食。

生：第三小节主要写小光看到了企鹅排着队，一个一个地去吃食。

师：第二位同学讲得好。(指板书)第三小节就是写小光看到了企鹅排队——

生：(齐)吃食。

师：小光看得多起劲呀，又是拍手又是叫，为什么突然脸红了呢？

生：因为他看见小企鹅都这么有 chì 序，他没有守 chì 序。

师：(出示词卡："秩 zhì 序 xù")这个词你读得还有点困难，我们一齐帮助他。

（生齐读）

师：小光为什么脸红了呢？

生：因为他想到自己刚才不守秩序地挤到前边看企鹅，他现在看到小企鹅都是排着队去吃食，所以他脸红了，悄悄地离开了人群。

师：(板书：脸红了）所以小光脸红了，悄悄地离开了人群。请大家找一找，这一节哪个词说明大家看得很开心？

生："哈哈笑"。

师：(板书：哈哈笑)(指图）小光的表情和人们不一样。请大家把书拿起来，一齐把第四小节读一读，读的时候注意小光的行为表情有什么变化。

（生齐读第四小节）

师：小光先是"拍手叫好"，接着是"叫着笑着"，可是突然——

生："脸红了"，"悄悄地离开了人群"。

■ 角色体验，情感升华

师：这时候他心里肯定有很多想法，如果你是小光，这时你会对大家说些什么？

生：如果我是小光，这时，我会对大家说："我错了，刚才我没有守秩序，破坏了纪律。"

师：说得真好。谁再来说？

生：他还可以跟大家说，叔叔阿姨，刚才我做错了，请大家原谅我。

师：谁还想做小光，对大家说几句心里话？（指名一人）就请你到前面来做小光。

生：企鹅能排队吃食，我刚才却不守秩序，没有做到讲文明、讲礼貌。真难为情！

师：他刚才说得真好。哪些同学愿意戴上头饰，扮演小企鹅和小光，说几句悄悄话呢？（指名5人戴上头饰，伴随着音乐，"小企鹅"摇摇摆摆走到讲台前）

生：("企鹅"1拉住要走的小光）小光，你别走，排在队伍后面还可以再看一会儿。

生：(“企鹅”2)小光，以后来看我们可不能乱挤呀！

生：(“企鹅”3)小光，你不守秩序，大家会讨厌你的。

生：(“企鹅”4、5)小光，知错就改还是好孩子。

(5人齐)我们欢迎你下次再来。

(伴随着音乐，5只“企鹅”摇摇摆摆地下去)

师：(指板书)今天我们学了《看企鹅》这一课。这篇课文主要讲小光起先使劲挤着，干吗？(生齐说：看企鹅)后来看到小企鹅排队吃食的样子，小光——(生齐说：脸红了)大家排着队看企鹅，看企鹅排队吃食不由得——(生齐说：哈哈笑)对比之下，小光——(生齐说：脸红了)

(教师边总结边在板书上用“—”标出事情发展的顺序。)

师：今天这堂课不仅让我们懂得了课文内容，还让我们学到了阅读课文的学习方法。(指导出示的课后题)这就是先——(生齐说：看拼音读课文)接着——(生接着说：把不懂的词句画下来)最后——(生接着说：和同学讨论讨论)到现在还有什么不懂的词句吗？

生：(齐说)没有了。

师：老师有一道填空题考考大家。[出示填空题：课文写的是小光(　　)的事。开始他(　　)，后来(　　)。这个故事告诉我们在公共场所要遵守(　　)，要讲(　　)。]

生：课文写的是小光看企鹅的事。开始他使劲挤，后来脸红了。这个故事告诉我们在公共场所要遵守纪律，要讲文明、讲礼貌。

师：遵守什么，还可用上课文中学的词。

生：(齐说)遵守秩序，

师：谁再来口头填空。

(一生口头填空)

师：“公共场所”指哪些地方？

生：“公共场所”指公园。

生：“公共场所”指动物园。

生：“公共场所”指游乐园。

生：还有电影院。

师：对了，还有学校、大街上、商场里等。在公共场所我们要遵守——(生齐说：秩序)要讲——(生齐说：讲礼貌)好，小朋友学过一首歌，就是——(生齐说：《咱们从小讲礼貌》)咱们一齐唱一唱。

(全体起立，伴随着音乐集体歌表演：《咱们从小讲礼貌》)

师：小朋友，讲文明、讲礼貌是中华民族的传统美德。希望小朋友学了这一课后，做个讲文明、讲礼貌的好孩子。

附板书设计：

看企鹅

大家排着队哈哈笑看(排队吃食)

小光使劲挤 脸红了

——摘自《新课程名师成功教学研究》(2005.3) 作者：张建平

这节课的精彩在哪里？教学设计思路是什么？

《全日制义务教育语文课程标准》指出："语文教学应在师生平等对话的过程中进行。充分发挥师生双方在教学中的主动性和创造性。"教学实践也证明："教师是学习活动的引导者和组织者。""学生是语文学习的主人，语文教学应激发学生的学习兴趣，注重培养学生自主学习的意识和习惯，为学生创设良好的自主学习情境，尊重学生的个体差异。"

《看企鹅》是人教版第三册的一篇阅读课文。本课内容浅显，故事性强，接近儿童生活实际，适合学生自读自悟。通过"以趣激学，调动参与；以题导学，授之以渔；引导生疑，自析自悟；以题统文，注重内化；角色体验，情感升华"这五步，努力体现"活、新、实"的教学风格。

掌握科学的学习方法是学会学习的关键，善于自学是学会学习的基本途径，培养良好的学习品格是学会学习的保证。这堂课重视学法指导，指导学生按照课后思考题提示的阅读方法和课文重点进行阅读，教师是"组织者，引导者"，学生自读自悟，突出一个"活"字；这堂课学生在自主、合作、探索中学习、析疑，思维的火花不断碰撞，突出一个"新"字；这堂课引导学生掌握基础知识，形成语文能力，突出一个"实"字。

按照这样的思路设计出来的一节课，课后的效果如何？

让我们听听有关专家的点评。

《看企鹅》讲的是小光到动物园看企鹅的事。开始他不守秩序，挤到大家前面去看，后来他感到这样做不对，悄悄地离开了人群。这个故事教育学生，在公共场合要遵守秩序，要讲文明礼貌。

“兴趣是最好的老师。”上课伊始，播放企鹅录像，出示企鹅标本，激发阅读兴趣。指导学生按照顺序观察企鹅的外形，再加上戴上头饰的表演，引导学生走近文本。课后第二题提示了读书的方法：“看拼音读课文，把不懂的词画下来，和同学讨论讨论。”“读、画、讨论”这三步正是自主、合作、探究学习的启蒙，从温习学法到实践学法再到巩固学法，形成一个完整的训练过程。指导学生自读课文，掌握读书方法，是教材编排的意图，也是“授之以渔”的实践。课中的自读自悟，课堂结束时的角色体验，无不使学生受到思想教育的熏陶。学生得到的，必将是知识与能力、过程与方法、情感态度与价值观“三位一体”的综合性发展。

——说课与评析：朱遐友

实施高效率教学必须创设和谐、愉快的课堂。

2. 创设学生乐学、好学的课堂

创设学生乐学、好学的课堂，需要教师倾情投入，与学生心灵高度融合；还要有有效的组织形式。善教者能让学生脸上有笑，心中有乐，课堂生动活泼，情趣盎然。

那么如何创设学生乐学、好学的课堂？

让我们一同走进特级教师靳家彦老师的精彩课堂。

《有这样一个小村庄》

【精彩课堂实录】

第一课时

（板书课题：有一个小村庄）

生：老师，您写错了。应该是“有这样一个小村庄”，您丢了“这样”二字。

师：非常感谢你帮助老师纠正了一个错误。不管是谁，我们只服从真理。叫什么名字？来，握握手，交个朋友吧！

生：我叫×××，谢谢老师这么真诚。

师：(补充“这样”二字)请同学们读课题。

生：有这样一个小村庄。(连读三遍，突出“这样”一词)

师：产生问题了吧？什么问题？

生1：有怎样一个小村庄？

生2：有什么样的一个小村庄？

生3：有哪样的一个小村庄？

师：这是你们三读课文后自己提出的第一个问题，也是我们这节课要达到的第一个目标。(画一问号，代表这个目标)

师：怎样达到这个目标呢？

生：靠我们自己读书，互相探究，读懂为止。

师：好！自己提出目标，自己读书感受，感之于外，受之于心。请同学们读课文吧。

(生读全课，反复品读、体会)

师：怎么样，可以了吗？

生：可以了。

师：这是一个怎样的小村庄？

生：这是一个原本很美丽很富饶的小村庄，课文上概括地说它是一个美丽的小村庄。后来这个小村庄被洪水卷走了，什么也没有了。

师：理解得很准确。请大家按照课文介绍的情景，用彩笔把它的“美丽”画出来可以吗？

生：可以。

(生在纸上画河坡上的小村庄，请几位同学到黑板上用彩色粉笔画。老师要求边“画”边“话”，即读、说、交流)

师：(指着黑板上的板画问学生)村前的小河里为什么要画上小鱼、小虾、沙石、水草?

生：用这些表现河水的“清澈”。

师：这就是想象、创造，同学们真聪明，画得这么好。(板书：清澈，教学这个词，并练习搭配)

生：村后的山坡上，我画了又茂密又苍翠的树木，课文写的“郁郁葱葱”就是这个意思。

师：理解得很好，读书，不仅要感受，还要深入地理解。(教学“郁郁葱葱”)

生：我们为了表现出空气的清新，不但画了蓝天、白云、红日和飞鸟，还画了地上的绿草、红花、蜜蜂、蝴蝶，只有这样，才能表现出空气的清新，不然空气怎么画呀?

师：读书也要有创造性的思维，这样的美景人人欣赏。(比较“清澈”与“清新”)

生：我还画了田里的庄稼，长得很茂盛。

(生反复读课文，体会意境。)

(黑板上学生画出一幅美妙的图画，学生对照图画背诵课文。)

生：“在一片河坡上，早先有过一个美丽的小村庄。清澈的河水从村前流过，村后的山坡上，郁郁葱葱的树林，好像一道巨大的屏障。这里的空气格外清新，庄稼长得很好。”

师：老师没要求背诵，为什么能背诵下来呢?

生1：我们在品读中充分感受了课文的意境，是用心在读书。

生2：这一段先概括后具体，把村前、村后、上空、地下有顺序地描写出来了，我们理解了课文内容，所以能顺利地背诵。

生3：我们根据课文内容展开丰富的想象，课文变成画面，活生生地呈现在我们面前。

生4：重点词语的提示帮助我们记忆。

生5：我们读了不下十几遍，记得牢固。

师：你们边读书边总结学习方法，在某种意义上说，方法是能力的核心。

师：那么，这个小村庄后来怎样了？

生："什么都没有了"。

师：(板书"什么都没有了"，引导学生读这个句子三次) 又产生问题了吧？什么问题？

生：为什么这么美丽的小村庄，到后来"什么都没有了"呢？

师：这是你们三读句子后提出的第二个问题，也是我们这节课要达到的第二个目标。(画一个大些的问号，代表这个目标)

师：这个目标又怎样达到呢？

生1：要读读书。我想我们应该拿起笔来，把小村庄消失的原因一一画下来，画出重点词句段，全面分析。

生2：我还建议几位同学互相研究，把每个人找出的原因进行归纳和综合，互帮互补。

师：这些方法都很可行，下面开始读书，可以画、批、注、讨论。

(生独自或三五人组成小组研讨、读书)

生：我们组认为这句很重要："谁家想盖房，谁家想造犁，就拎起斧头到山上去，把树木一棵棵砍下来。"这句话道出了一个根本原因，就是乱砍滥伐。一个"砍"字，高度概括了小村庄消失的根本原因。

师：把全文浓缩成一句话，把全句浓缩成一个字，这就是读书的收获。

生："一年年，一代代，山上的树木不断减少，裸露的土地不断扩大。"这句话揭示出小村庄的人们不仅一年砍，一代人砍，而且是年年砍，代代人砍。毁掉了树林，破坏了生态环境，水土流失逐年严重，洪水来了才会把小村庄卷走。

生：我想把这句话修改一下可能表达得更充分。

师：怎么改？

生：我把这句话改成一个排比的句式：一年年，一代代，清澈的河水变得干涸，茂密的树林遭到破坏，蔚蓝的天空一片混浊，肥沃的土地逐年贫瘠。

师：改得好！许多课文都有修改的余地，老师鼓励你们这种创造性阅读的精神。

生：课文中写“大雨下了五天五夜，到第六天黎明，雨才停下来。可是，小村庄，不知被洪水卷到了何处。”这里的一个“卷”字说明，破坏了大自然的环境，必然遭到大自然的惩罚。

（生继续议论小村庄消失的原因，都从课文中找出依据）

第二课时

师：在第二个目标基本完成的基础上，我们的阅读还应怎样深入下去？

生：老师，我想这篇课文不仅仅是要告诉我们别乱砍树，还有更深的意义在里面，这更深的意义是什么呢？

师：（画了一个大问号）对，这就是我们这节课要达到的第三个目标，请每位同学用充满深情的话语，向21世纪的人们送上一句震撼人心的话，引起全社会的关注。

（生各自写自己的内容，写后交流）

生1：21世纪的人们啊，你们还想让这个小村庄的悲剧重演吗？擦干泪水，投入行动吧！

生2：保护环境，就是保护人类自己；破坏环境，就是毁灭人类自己！

生3：我们的水资源是多么宝贵啊，珍惜它吧，不要让地球上的最后一滴水只是人类的眼泪。

生4：再不保护我们唯一的家园，黄沙将遮蔽天空，我们的呼吸都将非常困难。

生5：噪声污染对人们的健康危害很大，在宣传环境保护时不要忘记治理噪声污染。

生6：工厂排出的废气、汽车摩托车的尾气、燃烧各种废弃物放出的有毒气体，都是大气的污染源，让我们一起来制止这些破坏环境的现象吧！（以上逐一用投影仪出示书写内容）

师：同学们的这些充满激情的话语，为我们敲响了警钟，能不能结合我们的现实生活，说一说我们学校周边和住宅附近还有哪些不符合环保要求的现象？

（生举例：一次性饭盒、筷子，建筑工地扰民，商店大声播放音乐，有人践踏绿地，在小树上晾衣物，往河里丢废弃物……)

师：大家从我们身边的现实生活入手，唤起人们的环保意识，这是人类21世纪应当具有的最重要的意识之一。在这方面北京的小朋友已经走在了前面。

(投影出示：北京小朋友上书国务院，提出环保建议，国务院领导给予高度评价，号召全社会重视环保问题。)

(生读批示)

师：同学们，小村庄的教训是多么深刻啊！一场洪水袭来，小村庄还存在吗？(生：没有了。)房屋还有吗？(生：没有了。)工具、家具还有吗？(生：没有了。)人，还有吗？(生：一个都没有了，都被洪水卷走了。)

师：不，这个小村庄还真有几位幸存者，而且，今天来到了我们中间。(生惊异，四处寻找)

师：(指一位男生)这位就是小村庄的A村长，请到台前。(生笑)

师：(指另一位男生)这位就是当初砍树最多的B先生，也请到台前。(生又笑)

师：(指一位女生)这位就是当初反对砍树而且积极植树的C女士。(生大笑)

师：这三位幸存者今天要召开一个记者招待会，在座的各位都是各大新闻媒体的记者，请大家发问，由A、B、C三位回答。(课堂气氛非常活跃)

生1：请问A村长，你是怎样幸存下来的？

A：洪水把我冲出很远，幸亏我抓住了一棵没被砍伐的树，才侥幸活了下来，好险啊！

生2：请问B先生，当初你为什么砍树，砍了多少棵树？

B：当初我只顾眼前能过得好一点儿，没有环保意识，更没想到这样做会祸及子孙后代，我砍了有几百棵树，我有罪，我认罪。(生大笑)

生2：(继续追问)你这样做难道村长不管你吗？

B：他也砍，所以他管不了我，再说我给他送礼了，他也不敢管我，他是个腐败村长。

生3：A村长，是这样吗？

A：是，是，我也有罪，身为一村之长，不但不保护环境，还受贿，罪大恶极。(生笑声不断)

生4：请问C女士，您为什么反对砍树，而且植了许多树？

C：当时我觉得乱砍滥伐是不对的，长此以往，家园受到破坏，大自然一定会惩罚人类。我看到那么多树被砍掉了，只剩下光秃秃的土地，心里很难过，每年都植一些树。但砍树的人太多了，家家户户都在砍，我一个人的力量太小了。

生5：A村长，你现在怎样认识这个问题？

A：如果还让我当村长，我一定把保护生态环境作为第一任务，制定出法规，再也不破坏环境，祸及子孙了。

生5：欢迎A村长的转变，欢迎你回到我们中间来。(大家热烈鼓掌)

生6：B先生，你的认识有什么变化？

B：我们这个小村庄的毁灭是因为我们的环保意识太差了，我今后一定向C女士学习，保护树木，植树造林，重建我们的家园。

C：我也要加大宣传力度，让世人都知道保护环境的重要意义，再建一个美丽的小村庄。

师：今天的记者招待会就开到这里。请大家回去拿起笔，向全社会呼吁：我们只有一个地球，我们全人类要共同保护我们赖以生存的家园。可以写诗歌，编小品，绘图画，谱歌曲，写调查报告，记叙这次记者招待会，展望新建的小村庄会是什么样，还可以上网查资料，介绍环保知识，向环保部门提建议……让我们用美妙的歌声结束这堂课。

(师生同唱)

小松树，小柏树，一排排来一行行，

长在平原里长在山岗上，

谁把它们领到世上来？

我们少先队员，

把小树种在祖国的土地上。

——摘自小学语文教育网

这节课的精彩在哪里？教学设计思路是什么？

靳老师在《有这样一个小村庄》一课的教学中，采用了“导读式”的教学模式，整个课堂教学始终把学生的阅读实践活动作为培养阅读能力、掌握阅读方法、养成阅读习惯的主要方式，通过扎实有效的训练，培养学生综合的语文素质。“导”从始至终地贯穿于阅读教学过程中，这种教学能像磁石一样把学生时时刻刻地吸引住，使他们学习起来乐此不疲。

按照这样的思路设计出来的一节课，课后的效果如何？

让我们听听有关专家的点评。

靳家彦老师的教学示范课《有这样一个小村庄》既体现了靳老师深信每个学生都有可供开发潜能的乐观态度，又体现了他在真正意义上重视学生的价值和尊严，更体现了他依靠创造性教学手段培养创造性人才的乐观教学思想。靳老师的乐观教学思想是通过以下教学策略付诸实践的。

■ 丰富学生的精神生活。在本课教学中，靳老师高度尊重并适当满足学生各方面的正当需要，如交往的需要，尊重的需要，既促进了学生个性和谐全面发展，又调动了学生学习的积极性。

■“精”“深”“新”的教学内容。课堂上，靳老师通过“小村庄原来什么样，现在什么样”“为什么会这样”“人类应该怎样做”三个问题使学生理解了文章的基本结构和含义，打破了传统阅读教学分段、写段意、归纳中心内容、中心思想的旧框框，既能促进学生智能的发展，又有助于减轻课堂负担，也体现了教师处理教学内容时适应学生的认知特点，遵循系统性、逻辑性、连贯性的原则。在处理教学内容中，靳老师依据学生“最近发展区”，使之具有适当的难度，让学生觉得“高而可攀”。在教学中设计此类适度的认知冲突，不但调动了学生的学习积极性，而且促进了学生能力的发展。

■ 促进教学过程的积极化。首先，在教学起始环节上，靳老师通过故错法，使学生抓住关键词“这样”，引导学生产生问题——“是什么样的一个小村庄，这个小村庄怎样好或怎样不好”，激起学生强烈的求知欲，快速进入“学习角色”，以高效率参与、完成课堂教学任务。其次，在教学目标确定上，三个问题均是在教师的引导下，学生自己提出的；在教学时间的分配和利用上，几乎有一半的时间用于学生自读自悟自得，使学生具有充分活动和互相合作的时间与机会；在教学效果达成方面，靳老师从未给任何一个学生以负面刺激。在教学过程中，靳老师利用学生自读时间帮助个别学生解决学习中遇到的困难，使教学在顾及全局的同时，满足学生个别差异的需要，有效地解决了班级教学与个别教学间的矛盾。正如阿谟纳什维利指出的："教育的强大力量就在于，它能够在多大程度上区别对待地致力于发展每一个学生的智慧和形成他的个性特点。"

■ 寓教于乐。寓教于乐使教学不仅能有效地开发学生的潜能，而且能有效地作用于学生的非认知系统，让学生从学习本身享受到愉快的情绪体验。

■ 引导学生创造性地学习。创造性是指学生在教学活动中表现出的创造和创新意识，它是学生乐学、积极参与学习活动的重要表现。在《有这样一个小村庄》教学中，靳老师通过巧妙的设疑问难，促进了学生思维活动的积极化。

在教学中，靳老师有意识地增强了教学方法中的情感因素，使其潜在的教育功能充分发挥了出来。他不仅教给学生知识和道理，更强调了师生情感的交融。

综上所述，我认为在《有这样一个小村庄》一课中，靳老师以丰富多彩的精神生活为学生乐学的起点；以教学内容的科学设计、教学过程的合理组织、教学方法的巧妙运用为激起并满足学生求知欲、促进学生乐学的关键；最终达到了创造性学习的结果。这些教学策略使学生变厌学为乐学，体现了靳家彦老师乐学的教学思想。

——说课与评析：陈江南

实施高效率教学必须创设学生乐学、好学的课堂。

3. 如何创设学生爱学、能学、会学的课堂

教学要努力体现学生的主体地位，激发学生学习的兴趣，调动学生学习的积极性。课堂上要积极创设情境，创造机会，让学生在课堂中主动发展，

使他们爱学、能学、会学，促进全面发展。

那么如何创设学生爱学、能学、会学的课堂?

让我们一同走进特级教师潘小明老师的精彩课堂。

《乘法分配律》

【精彩课堂实录】

师：同学们，我们已经学习了乘法的交换律和结合律。今天，希望同学们能探究发现乘法的又一个新知识。

[评：简洁的导入，给学生以期待，激发起学生探究新知识的欲望。]

(电脑出示)

师：买3套这样的儿童服装应付多少钱呢？你能用几种方法解答？请列式计算。

(学生各自独立计算，不一会儿，纷纷举手)

生1：我先算出一套服装的价钱，再求出三套的价钱，算式是括号5加4括号乘以3。

师：(结合学生回答进行板书，并故意地——)你列的算式里共有几个括号?

生1：这样说吧，5与4的和乘以3，得数是27。买3套服装应付27元。我的另一种方法是：先分别算出三件上衣和三条裙子的价钱，再算出三套服装的总价钱。算式是5乘以3的积加上4乘以3的积。[结合学生回答教师板书：(5+4) ×3；5×3+4×3]

生2：我的方法是：5+5+5+4+4+4=27

生3：我的方法是：5+4+5+4+5+4=27

生4：我觉得这两个同学的想法与前面同学的两种想法是一致的。但是，上面的算式比较简单。(众生点头以示同意)

(电脑出示：小强摆木块，每行摆6个绿木块，8个红木块，共摆了4行。)

师：请你想象一下，小强是怎样摆的？结合学生回答，电脑逐步出示图。

师：小强一共摆了多少个木块？你能用几种方法解答?

[学生再次各自列式计算，并很快说出两种不同的思考方法和算式，结合学生回答，教师接着上题板书如下：

(6+8) ×4；6×4+8×4]

[评：这里，教师直接提出："你能用几种方法解答？"其目的是让学生在经历了两种不同思考方法的计算后，便于学生发现新的知识规律。同时，产生这样一种体验，乘法分配律的知识存在于实际问题的解决中。]

师：从上面的算式中你有没有发现什么规律？

(同学们的眼睛注视着黑板上的算式，在寻找着其中的规律。渐渐地，一些学生举起了手，有些学生开始有些激动，急着与周围的同伴说起了悄悄话……此时，教师没有急于指名学生个别回答，而是——)

师：(惊奇地)你们真的发现了这些算式中隐含着的规律？请与你的同桌交流一下，好吗？

(教室里的气氛一下子热烈起来了，同学之间指点着、交流着，一些心急的同学忍不住又高举着小手。)

师：从大家的神态和脸部表情中，老师知道你们一定觉得自己发现了什么规律。同学们，你们发现了什么，我能猜到。不过，你们所看到的也许只是一种偶然现象，是一种猜想而已。你们能再举些例子对自己的猜想进行验证吗？

(同学们认真地在本子上任意地写着算式，进行着计算。很快地举起了手，积极地汇报自己验证的结果。)

生1：(8+3) ×4 =8×4+3×4

生2：(5+1) ×3=5×3+1×3

生3：(1+9) ×5 =1×5+9×5

生4：我觉得不一定是对的。我也举个例子，(1+1) ×7 ≠ 7+1×7

(该生的回答，引起了轩然大波。许多学生问道：左边算式的答数是几？右边算式的答数是几？这两个算式你说相等吗？通过这个小小的计算失误，同学们更加坚定了自己的发现是正确的)

师：从同学们举的大量的例子中，可以确定除生4以外，其他同学的发现是正确的。

生5：老师，虽然举了许多例子，可万一还是碰巧，怎么办？

(该生的这一提问，还引来了一些学生的赞同：“是呀，万一还是碰巧呢？”教师被这意外的“一问”问住了，稍后——)

师：会有这种“万一”吗？你能举出一个反例吗？

(教师的反问，引起同学们的深入思考……)

生6：不可能有反例出现。以“(8 +3) ×4 =8×4+3×4”为例吧，左边算式括号里算得11，表示有11个4，右边算式的“8×4”表示有8个4、“3×4”表示有3个4，加起来共有11个4。等号两边的算式形式不同，但它们的意思是相同的，都表示11个4，所以是相等的。其他的式子，道理是一样的。

师：同学们还有不同意见吗？(众生摇头，以示没有意见)

师：你们发现的这个知识规律，叫作乘法分配律。什么叫乘法分配律？请同桌再交流一下。

(学生积极地与同桌交流着，又踊跃地参加集体交流)

生1：把括号里的两个数加起来后乘以一个数，等于把括号里的两个数都去乘以一个数，再把乘出来的积加起来。

生2：乘法分配律是：左边把两个数加起来乘以乘数，等于括号里的一个加数乘以乘数加上括号里的另一个加数乘以乘数。

师：你们想表达的是这样的意思吗？(教师板书：两个数的和与一个数相乘，可以用两个加数分别与这个数相乘，再把两个积相加，结果不变。)

师：这叫作乘法分配律。能用字母来表示乘法分配律吗？

[结合学生回答，教师板书：(a+b)×c=a×c+b×c。]

师：对于乘法分配律，用字母来表示，感觉怎样——(稍等)简洁、明了。这就是数学的美。

[评：对于乘法分配律的教学，教师没有把重点放在数学语言的表达上，反复地进行所谓的严格、准确和简明的表述，而是把重点放在让学生通过多种方法的计算去完整地感知，对所列算式进行观察、比较和归纳，大胆提出自己的猜想并举例进行验证……只有经过这样的探究活动，学生才会真正有

所体验，才能建构自己有意义的知识，用语言表达乘法分配律也就水到渠成。]

师：请运用乘法运算定律，回答下面各题：

①(32＋25)×4=□×4+□×4

②(64＋12)×3=□×□+□×□

③25×(4+9)=□×□+□×□

④75×64=□×□+□×□

(前面三题，学生很快根据乘法分配律正确地填数。由于第④题是开放的，有的把75写成两个加数的和再乘64的形式，也有的将64拆成两个加数的和再乘75的形式等，再运用乘法分配律进行填数)

师：选择。请用手势表示正确答案的编号。

与25×(4×8)相等的算式是(　　)。

①25×4+25×8；②25×4×25×8；③25×4×8

(全班学生中有一位选①，三位选②，其余都选③。通过辨析，学生更加清楚乘法分配律的内涵及与乘法结合律的区别了)

——摘自《新课程名师精彩课堂实录》主编：周成平

这节课的精彩在哪里？教学设计思路是什么？

潘小明老师说：

数学教学一定要以学生的发展为本，服从、服务于学生的全面发展。不仅要关注学科知识的教学，更要关注学生的情感体验，关注学生的人格养成。

理解和尊重学生不仅是有效教育的条件，而且也是教育本身的内在要求；理解和尊重学生是促使学生主体发展的先决条件。

教师不必担心缺少教学方法和手段，因为一切先进的教学方法和手段，都是在先进理念的引导下孕育、发展出来的。

课堂教学的实践告诉我，学生是有着自己的生活经验和知识基础，有着巨大的智力潜能的。学生的学习是在已有知识经验基础上的主动建构活动。学生自主建构的不仅是数学知识，而且是主体品质。

我相信这样一句话：没有不适应教育的学生，只有不适应学生的教育。

我发现，在探究的课堂上，学生会表现出极大的兴趣和积极性，经常会出现矛盾的冲突、思维的碰撞和灵感的火花，教师自己也常常会有意外的收获。

我想，在当今这个知识增长与淘汰都很迅速的时代，培养学生的兴趣和探究精神无疑是数学教学的主题之一。探究性学习，在我的潜意识中，它不只是一种学习的方式，更是一种教学的观念、一种教学的思想。

我坚持："凡是学生能自己发现的知识，教师绝不替代；凡是学生能独立解决的问题，教师绝不暗示。"

我觉得，一位真正优秀的老师必须留一份纯真，学会从孩子的角度去思考问题，从孩子生命成长的高度去思考教学，如果能经常为孩子们想想，那他就一定是一个好老师，而想着想着，老师自己也就提高了。

按照这样的思路设计出来的一节课，课后的效果如何？

让我们听听有关专家的点评。

潘老师这节课教学效果甚佳，表现在学生学得主动，思维活跃，甚至于有些学生不愿意下课，还要讨论下去。究其原因，一是摆正了教与学的关系，千方百计让学生积极地动手实践、自主探索及与同伴进行交流，亲历观察、归纳、猜测、验证、推理等探究发现的全过程，让学生在学习过程中发现乘法分配律的知识，使学生真正成为学习的主体。二是改革了传统的教学方法，不是过去简单的一问一答方式，把知识规律展示给学生的教学模式；而是采用符合小学生认知的"创设情境提出问题→在师生互动、学生自主探究中解决问题→在学习活动中发现规律→建构新的数学知识→巩固和深化新的数学知识"的教学模式。这种教学模式更贴近学生的认识规律。三是在整个探究发现乘法分配律的过程中，潘老师能巧妙地引导学生掌握科学探究的方法和数学思维的能力。

——说课与评析：赵哲

实施高效率教学必须创设学生爱学、能学、会学的课堂。

4. 创设师生互动的课堂

要实现高效率教学，最关键、最基础的一点是让学生真正参与到课堂中来，而师生互动是使学生参与课堂学习的必要的、有效的办法。教师在进行教学设计时，应高度重视师生互动的设计，以师生互动为主线组合教学内容，提高课堂教学的有效性。

那么如何创设师生互动的课堂？

让我们一同走进特级教师刘志春老师的精彩课堂。

《将相和》

【精彩课堂实录】

■ 交流资料

师：今天我们要学习的课文是《将相和》。大家对历史故事特别感兴趣，希望同学们在今天的课上有突出的表现。先请大家把收集到的有关本课的资料交流一下。

生：我从《历史简明》上查到了关于蔺相如的资料：蔺相如，赵惠文王名臣，奉命带和氏璧入秦，当庭力争，使原璧归赵。赵惠文王20年，公元前279年，秦赵渑池之会，使赵王未受辱，因功位上卿，位在廉颇之上，廉颇出言不逊，扬言必辱之。相如以国家安危为重，处处忍让，终使廉颇愧悟，负荆请罪，遂成至交。

师：你的这段材料选自《历史简明》，含有文言文的内容，我们把文章学完以后，你再来把这段材料介绍给大家，会让我们感受到汉语的魅力——这么长的课文，用你这几句话就概括了。

生：我从《中华上下五千年》上搜集到关于和氏璧的简介：公元前283年，赵惠文王得到一块玉璧，相传为楚国人卞和采到的，所以被人们称为“和氏璧”，此璧几经坎坷才被发现是一块世上无双的无价之宝。玉璧到了赵惠文王手里更是被万分珍爱。

师：你读了课文想了解和氏璧到底是什么东西，是不是？

生：我从《新编中华上下五千年》查到和氏璧颜色光泽、纯洁无瑕，夜间生光，冬季温暖，近旁可以不生火炉；夏季凉爽，百步之内不近蚊蝇。

师：哎哟，很长时间以来，我只知道和氏璧是圆形的、中间有孔的玉。还不知道这块璧有这么奇妙的特点！你今天找到相关材料了。正因为刚才三位同学说的，和氏璧这么好，还含着这样一个故事，所以文中有一个词可以形容它，哪个词？

生：无价之宝！

师：还可以用书上没有的哪一个成语来形容？

生：还可以用“价值连城”来形容。

师：从课文中什么内容可以看出来？

生：我从“秦王写信给赵王愿意用十五座城池换这块璧”看出来的。

生：我收集到一些关于蔺相如和廉颇的资料，由于比较长，我就不读了，下课的时候大家可以找我来了解一下。

（学生还收集了时代背景、文章出处、和氏璧如何到赵王手里等资料，可见课前学生检索了大量的资料信息）

■初读了解课文

师：下面进行第二项，说一说这篇课文讲了哪几个小故事？

生：三个故事，可以分别用三个小标题概括。第一个小故事可以用“完璧归赵”概括；第二个故事可以用“渑池之会”来概括；第三个故事用“负荆请罪”概括。

师：怎么概括出来的？说说看。

生：请大家把书翻到64页第十自然段，看，“这就是完璧归赵的故事”。从这里可以看出，第一个故事是“完璧归赵”。（师：从文中概括性的句子看出来的）“过了几年，秦王约赵王在渑池会见。”渑池是这次会见的地点，所以可将第二个故事概括成“渑池之会”。（师：是根据地点来概括的）根据“蔺相如见廉颇来负荆请罪……”这句话可将第三个故事概括成“负荆请罪”。（师：根据人物行动概括的）

生：我也是用同样的三个小标题概括这三个故事的。“读写例话”中的“……

也不会有‘完璧归赵’‘渑池之会’‘负荆请罪’这三个故事了……”这句话直接说出了三个故事，我是从这里看出来的。

师：你很聪明，方法很快捷，不过最好能通过读具体的课文内容来概括。这样更有助于提高你的阅读能力。

■ **自读思考**

师：今天这节课，我们就研究同学们提的一个问题，就是：“蔺相如为什么能做到‘完璧归赵’？”围绕这个问题，大家可以采用自己喜欢的学习方法。你可以是朗读，可以是默读揣摩，也可以勾勾画画。如果你觉得不吐不快，可以在书上做笔记。

（学生各自读课文并思考）

师：同学们都读过了，想发言的举手示意一下。下面，请你围绕刚才思考的问题，将自己想要说的内容在小组交流一下。

（学生分小组交流、讨论，教师相机了解、指导）

■ **小组汇报**

师：围绕同学们提的“蔺相如为什么能做到‘完璧归赵’”，大家采用了自己喜欢的学习方法，朗读、默读揣摩、勾勾画画、文中笔记等，而且在各自的小组中进行了交流，下面进行班级交流。请各组的组长先汇报一下。

生：我们组推荐李乐同学代表我们组发言。

生：我们组的同学经过讨论，认为蔺相如之所以能完璧归赵，这完全归功于他的机智和勇敢。我们在课文第八与第九自然段找出的原因比较多。具体有以下这几处：“蔺相如说：‘这块璧有点小毛病，让我指给您看。’……”蔺相如用这么巧妙的办法从秦王手中理所当然地要回了和氏璧。（师：要回了和氏璧）第二处是“他理直气壮地说了秦王一通，然后要用自己的脑袋和璧一块撞碎在柱子上……”用这种办法来逼迫秦王用十五座城池和他换璧。（师：要撞璧）第三处是“蔺相如说和氏璧是无价之宝，要举行个隆重的典礼，他才肯交出来”。这是蔺相如用了“缓兵之计”，拖延时间，为的是让手下带着和氏璧偷偷送回赵国。我们组的王若珏同学对这一点理解得比较深，下面请他说说。

生：我认为这一处充分体现出了蔺相如的机智。当时，和氏璧在秦王的手中，蔺相如看出秦王丝毫没有拿城池换壁的诚意，就上前一步对他说这壁有点小毛病，要指给秦王看。蔺相如用这么巧妙的办法让和氏壁又回到了自己的手中。而且我认为蔺相如对秦王说这句话的时候语气一定是柔和的。

师：那你来读读看。(生朗读)

生：我和王若珏同学有同感。但我觉得像蔺相如这样的爱国使臣，是不会向秦王低三下四、奉承拍马的。

师：也就是对王若珏同学朗读的语气不赞同，是吗？

生：是的。我觉得应当是柔中带刚的语气。

师：那你来试试看！（生朗读）

生：我想大家都知道当时秦国最强，赵国实力相对较弱。蔺相如说话的时候，只有用比较柔和的语气，秦王听了才会信以为真，听得比较高兴，才会把和氏璧交给他。

师：这样，你们两位同学再把这句话读一读。如果我们大家是秦王，你感觉自己更愿意听了谁的话后会把璧交给他。(两生分别读句子，其他同学认真听)

师：大家更愿意将璧交给谁呢？

生齐：王若珏同学。

生：在讨论的时候，我有一个疑问：蔺相如在准备撞柱的时候，难道他就不怕秦王真的逼他撞吗？如果秦王真的逼他撞，他会怎么做呢？

师：这个问题很值得讨论，我们稍后研究。

生：蔺相如之所以能完璧归赵，有很多的原因，我们要为第一组补充。这一点在第六自然段，是我们组的张元说出来的。

生：我认为蔺相如能成功“完璧归赵”，与他所做的充分准备是分不开的。他在还没有去秦国之前就分析了两种可能性和两种对策：“我愿意带着和氏璧到秦国去，如果秦王真的拿十五座城来换，我就把璧交给他；如果他不肯交出十五座城，我一定把璧送回来。”他想到了怎样使秦国理屈，使秦国没有动兵的理由。这充分体现了蔺相如的深谋远虑，他对于能够“完璧归赵”显得胸有成竹。

师：老师对你说的“深谋远虑”这个词特别感兴趣，我将它写在黑板上。

生：刚才他们两个组谈到的内容，我们组都谈到了。而且我们还在课文第九自然段找到了一个重要的原因。关于这一点，李英杰同学谈得比较透彻，我们请他谈一谈。

生：我认为这一点很重要：“蔺相如知道，秦王丝毫没有拿城换璧的诚意。一回到宾馆，就叫手下人化了装，带着和氏璧抄小路，先回赵国去了。”在这句里，“抄小路”很能体现蔺相如的机智，“抄”是走近路的意思。蔺相如之所以叫手下人抄小路有两个原因：一是不让自己的行动被秦国人发现；二是能尽快将和氏璧送回赵国。

师：我特别欣赏的是你抓住关键字词理解课文内容。

生：我想就刚才的内容补充一点：蔺相如叫人化了装也很重要。否则，或许一出门就被秦国人抓住了。

■ 自由发言

师：下面开始，围绕“蔺相如为什么能做到‘完璧归赵’”这个问题自由发言。

生：我从“蔺相如捧着壁，往后退了几步，靠着柱子站定”，看出了蔺相如的机智。因为从图上可以看出蔺相如身边就是秦国的大将军，如果蔺相如直接站在秦王身边说这一番话，一定会被抢走璧，到那时，他自己的性命也会不保。而蔺相如往后退了几步，靠近柱子站定就不同了。这样既可以保住和氏璧，也可以让秦王信以为真。

师：你这种读书的方式很好。不仅读了课文中的文字，还联系到文中的插图思考。

生：我觉得蔺相如说的一段话很有作用。蔺相如上前一步说：“这块璧有点小毛病，让我指给您看！”蔺相如说璧的毛病为“小毛病”，容易使秦王相信毛病很小，不易察觉，才会让蔺相如指给自己看。否则秦王也许想我怎么没看出来，可能会对蔺相如产生怀疑。而且蔺相如对秦王说“指给您看”也容易使秦王不生疑心。

师：哦，你也是抓住文中关键的字词理解的。

生：我从蔺相如举起璧要朝柱子上撞可以看出他的机智。因为如果蔺相如只说话吓秦王，而不做动作的话，会让秦王认为他是只“纸老虎”。相反，当蔺相如做出要撞的动作时，秦王才会真正被吓住。我觉得蔺相如对秦王说这段话时态度会非常坚决。

师：有一个词已经告诉了你蔺相如的态度。知道是哪个词吗？

生：是“理直气壮”。

师：试着这样读读这句话。(生读这句话)

师：我们就是要这样用心去体会蔺相如的理直，用声音来表现气壮。因为蔺相如说得越坚决，秦王才越会对他要撞璧深信不疑。我们一起通过读来感受一下。

(生齐读体会)

师：刚才同学们说了这么多。我们回到刚才一位同学提的问题：蔺相如在准备撞柱的时候，难道他就不怕秦王真的逼他撞吗？如果秦王真的逼他撞，他会怎么做呢？

生：我想秦王是不会让蔺相如撞柱的。从“秦王双手捧住璧，一边看一边称赞”来看，蔺相如正是抓住秦王爱璧的心理，才会这样要挟秦王的。

生：秦王肯定不会让蔺相如撞柱。因为秦王很喜欢这块价值连城的璧，不会轻易就毁掉它。而且秦王用十五座城换璧，并不是诚心的，只是想骗取和氏璧罢了。如果让蔺相如撞死在秦国，别人就会说秦王因为没有得到和氏璧而逼死赵国的使臣，到时秦王就成了天下人的笑柄。

生：我也觉得秦王不会逼蔺相如撞柱。因为从前面内容可以得知蔺相如是个名不见经传的小人物。秦王一定不会因为这个人给天下人留下议论的话柄。

师：你从哪里知道蔺相如是个名不见经传的人？

生：我从“正在为难的时候，有人说有个蔺相如，他勇敢机智，也许能解决这个问题”。“有个蔺相如”意思就是好像不怎么出名。他们是在万般无奈的情况下才想到蔺相如的。

生：老师，蔺相如在典礼那天大大方方地对秦王说和氏璧已经送回赵国了，他就不怕秦王杀他吗？

师：就是，和氏璧已经送回赵国了，悄悄溜走算啦！行吗？

生：蔺相如根本就不会怕秦王。因为璧已经回到了赵国，自己心中已经无牵无挂。

生：我想蔺相如要是不出席典礼，赵国就理屈了，作为使者，蔺相如绝不会溜回赵国。否则，他就有辱赵国的颜面了。蔺相如对秦王说的这段话也应当体现他作为赵国使臣的风范，同时也应当表现出他大无畏的精神。

师：那你试着读一读。(生朗读)

师：同学们都听出了一国使者的风范了吧！既有那种和氏璧被送回赵国后的了无牵挂，又有对秦王的毫无畏惧之情。嬉笑怒骂，皆在其中。

——摘自绿叶教学资源网

这节课的精彩在哪里？教学设计思路是什么？

《将相和》由“完璧归赵”“渑池之会”“负荆请罪”三个故事构成，教学本文，应着重引导学生弄清故事的内容和故事之间的关系，初步了解文中人物特点。新的课程标准倡导自主、合作、探究的学习方式，要求关注学生的个体差异和不同的学习要求，爱护学生的好奇心、求知欲，充分激发学生的主动意识和进取精神，努力建设开放而有活力的语文课程。本节课主要教学“完璧归赵”这个故事。本课设想在教师的引导下，学生在尽可能大的阅读空间内，自主感知阅读材料，通过多种渠道获得相关信息，学生有更多自主权利，学生、教师、广义教材之间可以形成多向的信息交流，培养学生良好的阅读习惯，提高语文素养。主要设计以下几个环节：①交流搜集的相关信息。学生在预习课文时对感兴趣的问题通过读、思、查的方法，获取与本课内容相关的信息，课堂交流后，有助于进一步地阅读。②课堂自悟感知。这一环节中，充分发挥学生的自主性，让学生选择自己最感兴趣的材料深入领会。不强求领悟所呈现的全部语言材料，也不强求对部分语言材料达到一致的领悟深度。这一环节中学生阅读的方法大致有：朗读体味、默读揣摩、点线勾画、文字笔记、图画再现等。③课堂讨论。讨论性阅读是自主、开放式阅读教学最主要的形式。学生经过准备性阅读和自悟性阅读两个阶段，积累了一定的阅读体会，他们急于把自己的阅读所得呈现出来，一方面检验自己所得是否正确，一方面又要提出疑问求得解决，这时，教师竭尽全力为学生提供讨论的时间和方式，及时引导学生进入讨论状态。本堂课先是小组讨论，每一个学生在小组讨论中或读或说，人人发言；接着小组间交流，每组组长可自己总结发言，也可指定其他同学总结发言，对某一问题哪位学生见解深刻，再请哪位学生阐述；最后是自由发言，哪位学生还有独到的见解，再在全班交流。讨论中学生有补充，有纠正、有争论、真正体现阅读课堂的自主开放。

按照这样的思路设计出来的一节课，课后的效果如何？

让我们听听有关专家的点评。

听了刘老师的课，我觉得耳目一新。当今我们的课堂是沉闷的，是高耗低效的。我们大家都觉得要转变，关键在课堂上怎么体现呢？大家平时的讨论也都形成了一个共识，课堂应该是以学生为主人的。但怎样上课，学生才真正是课堂的主人呢？刘老师用他的课堂实践给了我们一个很好的回答。这节课我感到学生是主人，孩子们是兴致勃勃，侃侃而谈的。学生是轻松的、愉快的，真正体现了学生的主体地位。学生的学习是开放的，老师解除了对他们的一些封锁、限制，让孩子们在课堂上做他们乐于做的事情，而又在这轻松愉快的气氛中学到知识，得到发展。从老师来看是洒脱的、轻松的，课上得如行云流水一般；从师生之间来看是融洽的，是良好的合作伙伴关系。老师是引导者、合作者，又是鼓励者。孩子们在老师的指导、组织和鼓励中，一步步地获取知识，一步步地向前发展。课堂上学生是主人翁体现得非常突出。这节课之所以有这样的突破，首先取决于刘老师的观念。他的课明确地告诉我们，现代课堂教学中的师生关系应该是怎样的，教师要弄清所处的位置和作用。他很注意教是为了学的，顺应学生的学习，真正为学生服务。他不是那种把“水”倒给学生的组织者，他是把学生组织起来，让学生自己去“倒水”，去“找水”，一起去开掘叮叮咚咚的清泉。学生以这篇课文为载体，在生活中到处去搜集信息，他们有的找的是文章中讲到的物，和氏璧是怎么得来的，是什么样的，又是怎么到赵国去的；也有人找的是人，蔺相如是怎样一个人，为什么推荐他去出使等；有人找的是事；有人找的是背景；有人找的是这篇文章的出处……学生到处“找水”，视野开阔，与封闭在课文中学习效果是不一样的。这样的组织和安排是一种学习方式的变化，不完全是接受性学习，孩子们自己去探究，自己去寻求。孩子们为了学习这篇课文去寻求各方面知识的时候，他们看到知识的海洋，当寻找到自己所需的东西后，他们对这篇课文有兴趣了，对语文有兴趣了，对寻求知识的活动有兴趣了。今天的课展示的，学生想去找，想来读，想来交流，孩子们兴致勃勃，不正是我们所追求的境界吗?

讨论性的读分为三个小层次。先是小组讨论，给每个学生有了一个发表自己意见的机会，孩子们在小组中各抒己见。他强调孩子们在别人说的时候认真听，平常也是这么训练的。他反对假议，这样就形成了一个良好的合作、竞争的学习氛围。第二个层次是把小组讨论的东西在全班汇报。由推荐出来的代表说集体讨论的概况，又推荐发言突出的同学做典型发言，有点有面，在小组讨论的学生拓宽了视野。在小组讨论的基础上又向前推进了一步。第三层次是自由论坛。有了前两个层次的铺垫，这时候学生由于有了前面的“碰撞”，所以发言更高了一个层次。在这一过程中老师组织、引导并和孩子们一道去获取知识。

刘老师是把自己放在一个鼓励者的位置的。看一个老师的主导作用发挥得如何，就是看教师是否最大限度地调动了学生的主动性。刘老师的鼓励是诚恳的，是热情的，是及时的，他的鼓励又是有分寸的。而不是说鼓励学生，就一味地廉价地表扬学生，也不是对学生的回答不置可否。鼓励应该是让学生感觉到在某一个方面得到肯定，进而产生成功的欢愉。刘老师的鼓励有的是对学生学习行为的肯定，有的是对学生学习热情的肯定，有的是对学生学习态度的肯定，有的是对学生学习思考后回答的结果的肯定，而且用词很具体恰当。

总之，什么叫观念转变，什么叫自主开放的课堂，刘老师在探索，而且取得了喜人的成绩。既给了我们概念上的理解，又给了我们课堂实例。让我们从中得到了很好的启发。

——说课与评析：袁浩

实施高效率教学必须要创设师生互动的课堂。

5. 创设自主构建、主动探索的课堂

在教师的指导下，通过自主探索、自主发现、自主质疑、自主应用等自主学习活动，使学生的情感、智力、个性诸方面得到有效的发展，而这种发展是主动的发展、和谐的发展、异步的发展、全面的发展和全体的发展。高效率教学需要创设自主构建、主动探索的课堂。

那么如何创设自主构建、主动探索的课堂？

让我们一同走进特级教师王凌老师的精彩课堂。

《小数除法》

【精彩课堂实录】

■ 创设情境

师：同学们有没有买过东西呢？在买东西时顾客经常讨价还价，下面讲一个关于还价的真实的事情：

商贩在卖苹果，一个人问："老板，多少钱一斤？"商贩说："一块五一斤。"那人说："太贵了，这样吧。5块钱3斤卖不卖？"

师：听到这里，你有什么想法？类似这样的购物问题，既可以用小数乘法解决问题，也可以用小数除法解决问题，这节课我们就来学习小数除法。

■ 初步估计

师：像刚才这类购物的情况，其实在我们生活中很多很多，请看这里面的情境。根据图中的对话，你了解了哪些信息呢？

生：我可以算出四盒牛奶一共多少钱。

师：怎么算？

师：我有2元，能不能买一盒牛奶呢？

生：能，6.8除以4。

师：我们可以先估算一下吗？

生：1元多。

师：你是怎么估算的？

生：因为6除以4，应该商是1元多。

（出示：买3块月饼8.7元，平均每块月饼几元多一些？买5支同样的牙膏共用52.5元，每支牙膏几元多一些？）

（学生说如何估算）

■ 独立探索

师：刚才我们知道2元可以买一盒。但还要找钱的，要知道找多少钱，必须先算出什么？

师：那6.8除以4是小数除法，你学过吗？

生：没有。

师：那你能自己想办法算出6.8除以4的商吗？

（学生试做，让做好的两位同学上台板演。）

师：比较这两种算式，有没有不一样？

生：一个有点，一个没有点。

师：2.8表示多少？

生：6除以4余下的。应该是2.8元。

师：2.8除以4，你是想成了多少？

生：28除以4。

师：没有写小数点的同学，你上来说一说。

师：你这个28表示什么？

生：就是28角。

师：这两种都是28角，那哪一种比较科学一些呢？

生：第一种。

师：结果都是1.7，这里为什么要加小数点？

生：结果17是17角，因为要用元做单位，所以要加小数点。

师：你们确信这个1.7元是对的吗？如果有人怀疑，怎么办？

生：验算。

（学生口头验算）

■ 理解算理

师：刚才我们在做这道小数除法时，是以元与角的单位来计算的。其实不用元与角我们也可以来计算。因为小数当中就有单位，大家请看：

5.8其实就是由5个1与8个0.1组成的。

5.84中小数部分的“84”可以理解为84个多少？

那么5.847除以3你会计算吗？

学生自己借助小数单位，来算一算8.847除以3。

(学生动手算，让一位同学板演)

师：这里的28，表示？

生：28个0.1。

师：商9表示？

生：表示9个0.1

(教师依次询问14、27表示的意义和商中4、9表示的意义。最后再问，商这里为什么要加小数点？)

师：刚才我们是用元做单位，所以要加上小数点。这里你能用计数单位来说一说吗？小组内说一说。

生：整数部分除以整数，除得的商表示商的整数部分；小数部分除以整数，除得的商表示商的小数部分。

师：同意吗？(生说同意)为什么呢？

生：整数部分表示多少个1，除得的商表示多少个1，就是商的整数部分。

师：因此在计算时，要注意商的小数点要与被除数的小数点对齐。

师：大家想一想，小数除法与整数一样吗？

生：一样的。

师：有什么不一样的吗？

生：要注意加上小数点。

■ 巩固练习

师：下面请大家计算下列各题：

(出示练习题)

□ 计算下列各题。

$9.42 \div 6$　$94.2 \div 6$　$87.64 \div 7$　$876.4 \div 7$

（学生动手算，老师检查学生做的结果）

师：如果计算出第一题的结果是1.57，你能估计出第二题的结果吗？已知第三题的结果是12.52，你能说出第四题的结果吗？为什么？

生：看被除数的小数点。

师：看被除数的小数点想什么？

生：想商的小数点。

（出示练习）

□ 根据5823 ÷ 3 =1941，口算下列各题。

58. 23 ÷ 3=　　　5.823 ÷ 3=　　　582.3 ÷ 3=

□ 改错。（竖式中漏点商的小数点）

94.2 ÷ 3　　　3.34 ÷ 2

□ 在2004年的雅典奥运会上，我国射击运动员杜丽最后5枪打出52.5环的成绩，勇夺该项目的奥运金牌，平均每枪打多少环？

（学生动手算，老师检查）

师：让我们再做一题。（出示题目）

两种规格的牙膏的售价情况如下：如果买3支小牙膏，售价是8.7元，如果买4支小牙膏，售价是10.8元。购买哪种牙膏比较合算？

师：买哪种牙膏更合算？

生：四支的。

师：为什么？

（生回答单价低）

师：小数的除法还是非常有用的。为了更好地掌握小数除法，我们再来做一道题好不好？大家将练习本打开，直接做在练习本上。

□ 计算数学课本中P38第一题第一横行的三题。（下课）

——摘自百度文库

这节课的精彩在哪里？教学设计思路是什么？

《小数除法》这节课难度系数是相当高的，王老师却上得极为精彩。我听了王老师《小数除法》这节课，受益匪浅，有很多感受。这节课基础知识上得很扎实，注重学生能力的培养，真正体现了学生的主体性。在教学过程中，王老师适时引导和培养学生自主探索知识的能力，注重将数学教学与实际生活紧密联系，让学生能用所学知识解决身边的问题，从而激发他们的学习积极性，调动了课堂教学的气氛，这样有利于学生对知识的学习。在练习中，既注重基础知识的练习，又有多种形式，还注重题目的变式，触类旁通，使学生能进一步巩固所学的知识，又兴趣盎然。

按照这样的思路设计出来的一节课，课后的效果如何？

让我们听听有关专家的点评。

聆听王老师上的《小数除法》一课，充分感受他独特的教学魅力。以下是我对王老师上课的理解和感受。

■ **重在算理的理解**

看他的课堂设计，他不是简单地引导学生对算理的理解和介绍，而是在算理之前安排了一系列的数学活动，让学生知其然，又知其所以然，这是计算教学中提倡的教学思路。本课是这样引导学生探究小数除法的算理的：

□ 情境创设：一位女士："我买4盒牛奶。"营业员："一共6.8元。"看了刚才的镜头，了解了哪些信息？王老师只有2元，买一盒牛奶够吗？

□ 估算单价：学生能很快想到用6.8除以4的方法来求单价。这时就产生了一个认知上的冲突，单价到底是多少呢？学生此时处于疑惑状态。经过一番的思索，有学生说了是1元多一些，引导学生用估算的方法来计算，得出王老师有2元钱是够的。

□ 引发冲突：但紧接着又出现了现实问题：2元够了，还要找钱，要知道找多少钱，必须要算出精确的单价。现实问题与学生已有的知识结构产生了强烈的冲突，要求出6.8除以4的商已经成为了学生迫切想要做的事情。再引出下面的独立探究活动。

□ 独立探究：将学生自己探究出来的算法展示出来，大家评一评，哪种情况比较合适。这里的学生把元化为了角来理解其中的算理。此时的学生还停留于对具体情境下问题的解决，还没有把数学活动真正内化为数学思维。

于是再接下去教师引导学生利用记数单位理解算理，有了前面的思维模型，学生就能比较容易理解其中的算理了。

■ **抓好基本技能的训练**

计算能力也是学生应该掌握的基本技能，一定数量的训练是非常有必要的。也只有通过训练才能使学生达到熟练的程度。因此，课堂上学生静静地独立计算，也是非常有必要的。

■ **处理好计算的实际应用问题**

这堂课的精彩之处在于，计算教学不仅仅停留于算理的理解和计算技能的训练，还在于设计的解决实际问题的环节，给有些枯燥的课堂教学带来了高潮：

□ 在2004年的雅典奥运会上，我国射击运动员杜丽最后5枪打出52.5环的成绩，勇夺该项目的奥运金牌，平均每枪打多少环？

□ 两种规格的牙膏的售价情况如下：如果买3支小牙膏，售价是8.7元，如果买4支小牙膏，售价是10.8元，购买哪种牙膏比较合算？

——说课与评析：杨敏

实施高效率教学必须创设自主构建、主动探索的课堂。

6. 创设充满情趣与智慧的课堂

通过构建充满活力、情趣与智慧的有效课堂，让学生在学习中兴趣盎然，充满活力和富有主动性。只有激发了学生学习的热情，激发了学生学习的兴趣，才能调动他们学习的积极性，在这样的课堂上，老师和学生都能从中得到快乐，高效率教学也就得以实现。

那么如何创设充满情趣与智慧的课堂？

让我们一同走进特级教师林良富老师的精彩课堂。

《用字母表示数》

【精彩课堂实录】

■ **课前预热**

师：老师非常高兴能和同学们一起来上课，刚才主持人已介绍了我叫林老师，你们想了解林老师的一些什么信息？

生：你的大名叫什么？

师：我的大名叫林良富。既然同学们问起我的名字来，我倒要讲讲我名字的故事。我出生时的名字是林粮富，想一想，为什么取了这样一个名字？

生1：我想你出生时比较贫困，粮食不够，爸爸妈妈希望你能吃饱饭，所以取名“粮富”。

师：真让你说对了。后来生活好了，我上学时，我把名字改成了“良富”。你猜猜我为什么这样改？

生2：我想你是为了把书读得好一点，所以把“粮”改成了优良的“良”。

师：啊呀，你真是我的知音。可是当我结婚的那一年，我的朋友们都建议我再改名字，你们想想他们会建议我怎么改？

生3：我想还是不要改，“良”也代表婚姻嘛！

师：你很聪明，结婚是“良辰美景”的事。

生4：结婚了，希望钱能多一些，应该把名字改成林财富。

师：当时我问过朋友们，他们说应该把“富”改一改，你们认为怎么改好？

生5：富改成福，使家庭幸福美满。

生6：富改成夫，他们希望你做一个好丈夫。

师：真是这样，后来我有孩子了，他们又建议我改名字。现在该怎么改了？

生7：改成父亲的“父”，希望你能成为一个好父亲。

师：没想到林老师的名字还是与时俱进的，其实每个同学的名字都有那么一种意思，一种期望，同学们回去不妨请教一下你们的父母亲。

师：现在同学们已经知道了我的名字，那你们还想了解我的什么信息？

生：林老师你今年几岁了？

师：你们猜猜我有多大了？

生1：52岁。

生2：40岁。

生3：35岁。

■ 导入新课探究新知

师：同学们还没有猜到。这样，也让我来猜猜同学们的年龄。我猜你们今年11岁，猜到的请举手，我再猜没有举手的同学是10岁。

(学生都举起了手)

师：我以同学们的年龄10岁为标准，告诉大家一个信息，请你们马上猜出林老师的岁数。林老师比同学们大26岁，林老师今年几岁了？

生1：10 +26 =36岁。

师：在同学们1岁的时候，林老师是几岁？

生2：27岁，因为林老师比我们大26岁是不变的，所以1+26= 27岁。

师：下面我们就来做个游戏，让我们一起进入时空隧道。同学们可以回忆过去，也可以展望未来，推算出当你几岁时，林老师那年是多少岁。把你的想法写下来。(生汇报，师板书)

同学们的岁数	林老师的岁数
1	1+26
8	8 +26
10	10 +26
20	20 +26
50	50 +26

师：这么多同学都想说，如果老师把你们每个人的想法都写下来，行不行？

生：行是行，可是太麻烦啦！

师：大家能不能想个办法，用一个式子概括所有同学的想法，表示出同学们任意岁数时，林老师那年的岁数？

生1：当同学们的岁数是x岁时，林老师的岁数是x+26。

生2：当我们的岁数是□岁时，林老师的岁数是□ +26。

生3：我可以用一个式子来表示a +26 =b，a表示我们的岁数，b表示林老师的岁数。

生4：还可以用(　　)来表示我们任意一年的岁数，那么(　　)+26就表示林老师的岁数。

师：同学们真能干，想出了那么多办法，表示出同学们任意年龄时，林老师那年的岁数。请大家观察一下，□ +26、(　　) +26和 $x+26$ 这三个式子，有没有本质上的区别？

生：没有本质上区别，□、(　　)里可以填任意一个数，这里的 x 也可以表示任意一个数。

师：$a+26=b$ 这个式子怎样来理解呢？

生：a 表示同学们任意的岁数，26是林老师与同学们的相差数，b 就是林老师的岁数。

师：对啊，同学们的岁数是变化的，我们可用字母 a 来表示，而林老师比同学们大26岁是不变的，所以不需要用其他字母来表示，$a+26$ 这个式子已经表示出了林老师的岁数，所以结果 b 可以不写。下面来检测一下同学们是不是真的掌握了这个本领。

师：如果用字母 n 表示林老师的岁数，那么同学们的岁数可以怎样表示？

生：$n-26$。

师：你是怎样想的？

生：n 表示林老师任意一年的岁数，26表示林老师与我们年龄之间的相差数，这样我们的年龄就是 $n-26$。

师：如果用 a 表示同学们自己的岁数，用含有 a 的式子表示出你爸爸妈妈或弟弟妹妹的岁数。写好后，先在同桌交流，然后汇报。

生1：a 代表我的岁数，我的妹妹比我小2岁，所以 $a-2$ 表示妹妹的岁数。

生2：我和妈妈相差26岁，妈妈的岁数可以用 $a+26$ 来表示。

生3：我用 $a+28$ 来表示爸爸的岁数。

师：看来含有字母的式子有许多优越性，你们认为它优越在哪里？

生：它能够用一个式子就代表出许多许多的具体的式子。

生：是啊，像 $a+26$ 这个式子就概括了同学们想说的话，而且 $a+26$ 这个式子不仅表示出了师生之间的岁数关系，而且也表示出林老师的岁数。你们的水平真高，老师送大家一首好听的儿歌，可以自由地大声读一读。

(媒体出示)

儿歌《数青蛙》

一只青蛙一张嘴，两只眼睛四条腿；
两只青蛙两张嘴，四只眼睛八条腿；
三只青蛙三张嘴，六只眼睛十二条腿；
……

(同学们摇头晃脑地读不停)

师：同学们个个都是编儿歌的高手，没有文字了还可以继续往下读。

生：我发现了儿歌中有一种规律，下句话和上句话比较都增加了1只青蛙，1张嘴，2只眼睛，4条腿。

师：哦，同学们用数学的眼光发现了这首儿歌中还有数学规律。那你们用10只青蛙来编一句儿歌。

生：10只青蛙10张嘴，20只眼睛，40条腿。

师：我们一起再来编一句100只青蛙的儿歌。

生：100只青蛙100张嘴，200只眼睛，400条腿。

师：你们发现了一种什么样的规律？

生：我发现眼睛的只数是青蛙只数的2倍，腿的条数是青蛙只数的4倍，而嘴的张数与青蛙的只数是一样的。

师：根据这个规律，我们继续往下编，能读得完吗？

生：永远读不完。

师：你们能不能运用刚才学到的本领，想个办法把这首儿歌读完？请试着用含有字母的式子编写一句儿歌，编完后在小组里交流。

生1：a只青蛙a张嘴，a只眼睛a条腿。

生2：x只青蛙x张嘴，$2x$只眼睛$4x$条腿。

生3：a只青蛙a张嘴，$a\times2$只眼睛$a\times4$条腿。

生4：a只青蛙a张嘴，b只眼睛c条腿。

生5：□只青蛙□张嘴，□ ×2只眼睛□ ×4条腿。

生6：n只青蛙n张嘴，$n\times2$只眼睛$n\times4$条腿。

生7：n只青蛙n张嘴，$n\cdot2$只眼睛$n\cdot4$条腿。

师：崇文小学的学生真够厉害，想出了那么多办法，编写完了这首儿歌。大家觉得哪些编法既简洁又合理？你喜欢哪一种编法？

生：我喜欢第二种编法。

师：同意他观点的请举手。与这种创编法接近的是哪几种？

生：第三、第五、第六、第七种。

师：对第一、第四种有什么意见？

生：我觉得第一种编法会使青蛙的只数、嘴的张数、腿的条数都一样多。

师：你的意思是：在同一情境中，字母 a 一般表示的都是同一个数。如果 a=l，那么这首儿歌可以怎么读？

生：1只青蛙1张嘴，1只眼睛1条腿。

师：那是一只怎样的青蛙？残废了吧？所以，虽然读起来朗朗上口，但在具体情境中还不一定合理。对第四种创编方法有什么想法？

生：用 b、c 表示眼睛的只数和腿的条数以后，就看不出它们与青蛙的只数之间的关系。

师：你是说这样的编写方法没有反映出儿歌中的数量关系，所以不太好。第二种编法的同学同意这种观点吗？其实这里的 b、c 分别表示了什么？

生：b 表示了 $a\times2$，c 表示了 $a\times4$。

师：同学们都把余下的方式归结为一类，我在板书时觉得有些不一样。譬如 $a\times2$、$2x$ 或 $n\cdot2$，你们怎么想的？

生：我是从刚刚发下的练习纸里看到 $a\times2$ 可以写成 $a\cdot2$ 或 $2a$。

师：同学们一起来自学这张发下的“练习纸”，同学们边自学边看大屏幕的自学提纲。（自学提纲：□含有字母的式子，在什么情况下可以简写？□怎样简写？）

师：谁来说说通过看书你知道了什么情况下可以简写，是怎样简写的？

生1：在含有字母的式子里，数字和字母、字母和字母相乘时，乘号可以记作“·”，或者省略不写，数字要写在字母前面。

生2：当1与任何字母相乘时，1省略不写。

师：同学们的自学能力真行，下面我们来测一测。

(判断下面的写法是否正确)

$a\times2.4$ 写作 $a2.4$ (　)

$1\times t$ 写作 t (　)

$a\times9\times c$ 写作 $9ac$ (　)

$12+x$ 写作 $12x$ (　)

师：通过一首儿歌引发了那么多知识。如果现在让你编，你会怎样编？使儿歌既简洁、上口，又合理。

生：用 a 只青蛙 a 张嘴，$2a$ 只眼睛 $4a$ 条腿，最好。

师：齐读一遍。现在你们感到自豪吧，把一首读不完的儿歌，通过用含有字母的式子表示其中的数量关系，结果一句话就可以读完了。

■ 拓展应用，加深理解

师：下面我们轻松轻松，老师带大家去参观一个地方。

(媒体播放四张图片)

师：你们猜猜这么漂亮的地方会是哪里？

生：可能是林老师的学校。

师：这是林老师的新学校，关于林老师的新学校你们想了解哪些信息？

生1：林老师学校有多少学生，多少班级？

生2：学校占地面积有多少？

生3：你们学校有多少教师？

师：同学们对林老师的学校很好奇，下面我们就乘公共汽车去参观一下，当然是模拟啊！

(图文结合题) 373路无人售票车上有乘客36人，到万里小学车站有一些人下车，又有若干人上车，现在车上有(　)人。

师：你能不能通过刚才学到的本领，用式子把车上的人数表示出来。

生1：$36-x+x$。

生2：$36-a+b$。

师：同意哪一种？

生：(众)第二种。

师：为什么？

生2：下车的人和上车的人不一定一样多，我用 a 表示上车的人，用 b 表示下车的人。

师：这里的 a 可能是几，也可能是几，它的范围是多少？

生3：a 可能是1，也可能是20、35等，它的范围应该是1至35。

师：为什么不是1到36呢？

生4：题目里说的是一些人下车，而不是全部下车，所以35更准确些。

师：我们走进校园后，还了解到这样一组信息：

学生人数

部门	每班人数	班级数
国内部	每班40人	a 个
国际部	每班 b 人	20个

师：从这张表里你能获得哪些信息？

生：我了解到林老师学校国内部每班40人，有 a 个班，国际部每班 b 人，有20个班。

师：根据这些信息，你还可以知道什么？或者表示出什么？

生1：$a+20$ 表示一共有多少个班。

生2：$40a$ 表示国内部的人数。

生3：$20b$ 表示国际部的人数。

生4：$40a+20b$ 就是林老师学校的总人数。

师：同学们通过信息重组，又得到了很多新的信息。刚才有同学问到林老师学校有多大。请看：

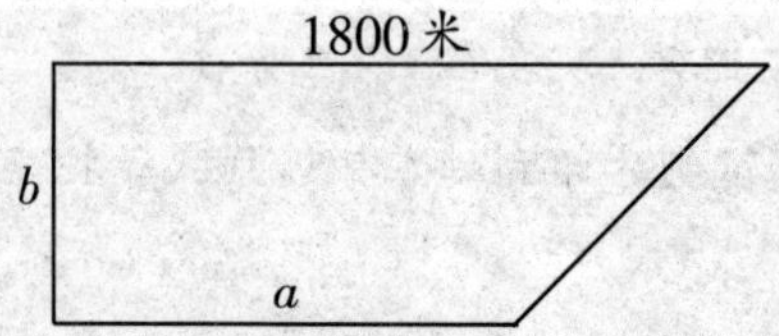

新校区平面图

这个接近我们学过的什么图形？

如果要算一算新校区的面积是多少，怎样列式？

其中的 a、b 是多少，可以登录万里校园网站：www. wlschool. com。

这节课的精彩在哪里？教学设计思路是什么？

林老师的《用字母表示数》一课上得极为精彩，他巧设情境，将课堂教学与生活紧密联系，让课堂充满情趣和智慧。在教学过程中不断调整自己的角色，扮演成知识的呈现者、对话的提问者、学习的指导者、学业的评价者，以及信息的重组者，引导学生主动地进行思考、讨论、合作交流等活动。让学生自主探究，在发现中学习、在学习中接受新的知识。这样的课堂有利于学生充分展示自己的聪明才智，有利于发挥学生的主体作用，让学生意识到自己是学习活动的主人，激发了学生的学习热情，让学生体验到学习的快乐。

——摘自江西基础教育资源网

按照这样的思路设计出来的一节课，课后的效果如何？

让我们听听有关专家的点评。

听了林老师的课，我觉得林老师认真学习了新课标，努力实践了新课程，用活了新材料，落实了新理念，展示了一位著名特级教师青春的教学风采和课堂魅力，对我们当前学习新课标、转变新行为有很多启迪。主要有以下三方面：

■ **紧密联系生活实际，构建生活化数学教学**

我们现实生活中有很多数学，数学在我们的生活中也有广泛的应用，数学就在我们的身边。这节课中，林老师利用学生与老师的年龄关系这一学习材料，不仅用含有字母的式子表示出老师的年龄，而且还反映出学生的年龄，爸爸妈妈、弟弟妹妹的年龄，结构简明，容量大，设计得巧妙。《数青蛙》这首儿歌又是学生所喜闻乐见的，引进到教学中来，有利于激发学生的学习兴趣，能够培养学生在现实生活中发现问题、提出问题、分析问题、思考问题、研究问题、解决问题，我觉得非常好。后面练习中的题目也都来自于学校生活，让学生时时处处体会到数学与生活的联系。

■ **改变了原来的学习方式**

数学教学是数学活动的教学，创设了一种数学活动的情境，在活动中，教师既很好地发挥了组织引导的作用，又与学生一起合作、交流、探究。在教师的引导下，学生一边参与活动，一边在积极思考，寻找解决问题的办法，使学生真正成为了学习的主人。在第一个材料的教学中，让学生进入时空隧道，并推算出“当你几岁时，林老师多大岁数了”，然后又追问：“能不能想个办法，用一个式子概括出所有同学的想法，表示同学们任意一年时林老师的岁数？”后面教学《数青蛙》，当学生发现儿歌中蕴含着数学规律，读不完儿歌时，又不失时机地设问：“你有什么办法能把这首儿歌读完？”就这样学生不断地在思考问题中体验、领会了数学规律，学生的抽象概括能力也得到了很好的培养。

■ **重视了三维目标的整合，促进了学生全面发展**

这堂课中，林老师不仅仅关注知识的结果，不仅仅关注学生知识、技能的获得，而且更重视学生学习的过程。在过程中，使学生既掌握了知识与技能，又促进了学生的情感、态度、价值观。处理得非常好！教学只有使学生感到学习的迫切需要，激发学生的兴趣，学习的内容富有智力的挑战性，才能使课堂焕发出生命活力；只有给学生一个自主探究的空间和足够的交流和发现规律的活动空间，课堂才能够充满生命活力。这是一堂充满生命活力的课，课上得十分精彩，我受到了很多启发。

——说课与评析：唐哲源

实施高效率教学必须创设充满情趣与智慧的课堂。

第二节　高效率教学在实施过程中的策略操作

任何一种教育理念要转化为教学实践，都需要相应的教学策略做中介，高效率教学的研究与实践就是要寻找到这种策略。

1. 怎样让学生在课堂上主动提问

传统教学中，教师往往是课堂的中心，教学是教师问、学生答，教师问什么学生就得答什么，甚至非要到学生答出教师自己预设的答案为止，学生完全处于被动应答状态中。究其原因：其一是教师没有正确引导，其二是学生没有发现问题，其三是被动式学习模式。

高效率教学迫切要求教师要变学生被动应答为主动提问。那么，如何变学生被动应答为主动提问呢？

高效率教学提倡启发式教学。那么，什么是启发式教学呢？

从教学理论的角度而言，启发式教学是课堂教学的指导思想。教育发展史上积累起来的众多教学方法，从其指导思想来看，不外乎“启发式”和“注入式”两种根本对立的体系。启发式教学作为教学的指导思想，处于教学方法体系的最高层次，对各种教学方法起着定向、调节、控制等作用。

从教学过程的角度来看，启发式教学是课堂教学的基本原则。教学方法多种多样，但无论采用何种教学方法，都必须遵循启发式教学这一基本要求。正是在此意义上，我们说启发式教学是教学的基本原则。

从教学方法的角度来看，启发式教学是课堂的教学方法。对此，可以从以下两个层次来理解：

①启发式教学是一种总的教学方法，是渗透于一切常用教学方法之中的教学方法，它对各种具体教学方法起指导作用。

②启发式教学是一种具体的教学方式。以启发为指导思想和基本原则的教学方法体系，是由许多具体的启发方式组成的。离开了具体的启发方式，启发式教学则只能是空中楼阁。

由此可见，启发式教学是指在教学过程中，教师遵循教学规律，从学生实际出发，采用各种灵活而有效的方法和手段，激发学生学习的内在动机，引导学生积极思维，使他们主动获取知识、发展能力、提高思想政治道德素质的教学指导思想、教学原则、教学方法或方式的总称。

那么，在教学过程中，如何采用启发式教学呢？主要把握以下几点：

第一，要让学生敢于提问。

学生能否在课堂上身心投入发疑提问，关键是创设学生提问的情景。教育家波利亚说过：“教师的作用在于：系统地给学生发现事物的机会，并给予恰当的帮助，让学生在情景中亲自去发现尽可能多的东西。”即教师要创设适当的情景，促使学生提出问题。

■利用课前预习，促使学生提问。我在讲新课前，要求学生先预习，将预习中不懂的问题记在卡片上，我在课前收集卡片，然后根据学生的问题修改教案，增强了教学的针对性。

■利用课堂讨论，促使学生提问。我在课堂上常常让学生讨论，要求学生互相提问题，并共同解决。同学之间互相提问题，是培养学生合作学习、合作解决问题能力的有效手段。而且，同学间提问题，常常不讲究提问的形式，这样更有利于学生提出各种各样的问题，有利于培养学生思维的灵活性和发散性。

■让学生上讲台，促使学生提问。让学生上讲台，扮演老师角色，学生讲，学生问，学生答，学生提的问题更多，效果更好。学生要当好“老师”，学生就必须钻研教材，发现更多的问题，思考解决办法，以防被其他学生的问题难住；而其他学生在课堂上的发言也更积极，都想把这位“老师”难住，看“老师”的反应。这样，学生的顾虑少了，课堂气氛活了，学生的思路开了，提的问题也就多了。

在教学中，要善于捕捉时机，对提问学生身上的闪光点及时肯定、赞扬，使他们充满信心地学习。除此之外，组织一些小型学习评比活动，也能达到表扬激励的目的。这些方法只要运用得当，就会促使学生大胆发言，踊跃提问。

第二，要让学生乐于提问。

亚里士多德说：“思维自疑问和惊奇开始。”这就是说，质疑是思维的导火索，是学生学习的内驱力，它能使学生的求知欲由潜在状态转入活跃状态。对于疑和问，疑是条件，问是结果。因此，课堂上要使学生乐于提问，教师就要培养学生质疑的兴趣，教给学生质疑的方法，使他们自觉地在学中问，在问中学。学生的提问能力其实是一种心理素质、生活经验与知识积累，及语言技能的综合反映。首先，创设师生间平等、轻松、和谐的教与学的气氛，形成一个无拘无束的思维空间，激励学生勇于提出自己的看法和观点，消除因提问错误或提问不当被老师、同学批评讥笑的现象。其次，巧置问题障碍，激活学生思维兴趣，克服学生由于不屑于提问，认为自己全懂了，没必要提问的心理，让学生在“疑”中设疑，在“疑”中生奇。再次，巧设课堂“空白”，提供发挥提问意识的时间，教学中留有余地，让学生做好提问、思考、探索的心理准备。我们用激情法，激发学生提问的热情；用启趣法使学生好奇、愉快地探究趣味知识的根源；用演示法，使学生因惊叹结果的奥妙而去推究其原因的所在，从而真正培养学生良好的提问意识，实现从“不敢问、不愿问”到“乐于提问”的突破。

第三，要让学生善于提问。

培养学生的提问能力是一个循序渐进、逐步提高的过程，绝非一日之功。要使学生善于提问，老师们要注重平常的持续训练与培养，引导学生质疑，在学生根据自己的初读体验提出问题后，教师及时对问题进行完善，或归纳、或概括、或明确范围，提升学生对问题的质疑能力、归纳能力和思维能力。教师还要为学生做好如何提问的示范，在平时的每一堂课中，教师的提问要向学生展示发现问题的思维过程，使学生受到启迪，有方法可循。同时也要启发学生在平时的学习中寻找问题的方法，对不明白、不理解的地方多问几个为什么。在课堂教学中，教师可采用示范法、提示法、激励法等多种方法促进学生提问，努力做好学生学习的合作者、引导者。学生的模仿能力很强，经过多次练习，学生也就掌握了提问方法，知道了从怎样的角度去提问，以后出现类似内容，学生的提问也就更有针对性。

课堂上要变学生被动应答为主动提问，就要采用启发式教学。对我们教师来说，课堂上就要多方面、多角度训练学生大胆提问。

2. 怎样实现教学过程中真正的对话

没有对话就没有交流，没有交流也就不会发生真正的教学。从某种意义上说，教育就是一种人与人之间的交流。对话能使学生感受到真实，感受到自己所学的东西联系实际，从而使学生对所学知识有感性上的认识，更加明确学习的目的性。对话是在民主平等的基础上，由师生双方共同参与的一个学习过程。

那么，怎样才能实现教学过程中真正的对话呢？

平等、民主是课堂教学中展开对话的第一要义，没有民主与平等，师生之间就没有真正的对话。因为对话不仅仅是狭隘的语言交谈，而且是师生双方各自向对方敞开精神和彼此接纳。传统的课堂教学中，教师往往以权威者的姿态主宰着课堂，几乎霸占了学生的话语权，掠夺了学生的思考权。即使师生间偶尔进行对话，也总是发生在教师与几个少数优秀学生之间，绝大多数学生几乎就是听众。师生之间的关系主要表现为主宰者与被主宰者、传授者与接受者、塑造者与被塑造者的主客体关系，师生之间的对话只停留在语言形式上，而不是深入彼此之间的精神领域。在教学过程中，教师是平等“对话”中的“首席”，担负着对“对话”的组织、引导、指导的责任。为此，我们要做到以下几点：

第一，对话前先改变观念。

在传统理念下，教师是一切活动的中心，学生的一切行为必须围绕着老师这个中心进行，学生毫无主体性可言，教学成了一个教师教什么学生学什么的单向行为，目的是为了考试，教师的态度也相当强硬。很多时候学生没有选择权，更没有发言权，从而在学生的内心深处对教师敬而远之，学生和教师之间平等、轻松、自由的对话机会被完全剥夺了，独立思考和创新活动的余地没有了。

所以，高效率教学要求老师首先要从观念上先改变自己，不管是教育者还是受教育者，都应该感到自己是在接受教育，要在一种完全平等、轻松、自由的状态下进行对话，否则，教育者和受教育者达不到真正的心灵碰撞。在改变观念的同时，还要彰显教育者的感召力、亲和力、感染力。教师在对话中会自然地表现出具有艺术性，学生与老师之间的对话不仅仅是声音传递和文字交流，而是心语畅谈。这样的对话才是更有效的。

第二，对话时要注意场合。

注意场合就要对学生的心理需求和个性差异进行透视。教师和学生的场合多样，如在课堂上老师启发提问，学生思考回答是对话；课后学生请教质疑，老师解答，是对话；校园外师生的聊天，老师对学生的表扬、批评，这也是对话。现在学生的心理素质和个性差异反差较大。学生的个性差异很大，而且个性很突出。教师与学生对话时一定要根据不同学生的特点进行，特别是在批评学生时，很容易让学生受到影响，因为不管是谁都不愿意被批评。当然表扬也要注意场合，对于争强好胜、乐于展示自我的学生，经常在公众场合表扬就容易让他的骄傲情绪增长。如果与性格孤僻、不受同学和老师重视的学生针对不同的学生在课余单独进行真正交心的对话，那么学生会感到自身的重要，一有对话的机会更容易与老师亲近，阻碍师生正常交流的沟壑会自动消失。寻找合适的场合进行对话也能让对话更有效。

第三，对话要用合适的方式。

对话不要只拘泥于口语对话这一种形式，可采用多种形式和渠道，如作业本上学生写日记，老师留言，联欢及座谈、游戏、劳动、体育活动等，以平等的角色互换，以朋友的身份和学生和睦相处，引导学生在宽松、愉快和欢乐之中积极主动地去思考问题，获得知识。简单介绍两种有效的对话方式：(1)老土却有用的日记；(2)时尚而迅速的聊天工具。

第四，对话后要关注效果。

师生间有效的对话会有意想不到的收获，一方面可使学生处于积极、活跃、自由的状态之中，在课堂教学中，让学生独立思考、积极质疑，可使学生在对话中拥有和体验做人的尊严，享受被人尊重的快乐，建立起自信和进一步对话的愿望。另一方面，教师也可以体验一种心灵的自由和丰富，在教学过程中，教师应激活情感这一因素，以情动情，以情换情，促成师生之间和谐健康情绪的双向互动。但是在实施过程中如果不关注对话的效果，那么根本就无法知道对话是否有效，学生在这样的对话中是否觉得得到尊重，享受到轻松、平等的待遇。有效的对话会有收获，而无效甚至是适得其反的对话可能会引发问题。所以关注对话的效果很重要，如果效果不好作为教师可以适时调整对话场合或方式。如何关注对话效果呢？主要是从学生的情感、态度、价值观方面。

教学过程中真正的对话是老师与学生之间整个人格的互动，追求师生之间视界的融洽、精神的相遇、理性的碰撞和情感的交流，是各自向对方的“精神敞开”和“彼此接纳”的过程，可以丰富学生的精神世界，启发学生心智、构建学生独立完满的人格，具有独特的含义。

3. 怎样培养学生多样化的学习方式

以往的教学为什么教师教得“累”，学生学得“苦”？都是因为我们的教学偏重于记忆和知识的积累，在这种状况下学生学习的知识不仅难以转化成能力和智慧，而且会变成一种负担。在这知识剧增的年代，储存知识显得越来越不重要，而学会去寻求知识，分析、处理知识，显示出强大的生命力。一个人需要终身学习不断更新，才能适应社会的发展。因此，培养学生多样化的学习方式，让学生学会学习显得尤其重要。

那么，怎样培养学生多样化的学习方式呢?

传统的学习方式把学习建立在人的客观性、受动性和依赖性的基础之上，忽略了人的主动性、能动性和独立性。转变学生的学习方式就是要转变这种单一的被动的学习方式，提倡和发展多样化的学生学习方式，特别是要提倡自主、探索与合作的学习方式，让学生成为学习的主人，使学生的主体意识、能动性和创造性不断得到发展，发展学生的创新意识和实践能力。在教学过程中，如何培养学生多样化的学习方式，我在百度文库中看到任小艾老师的一篇文章，文中写道：

第一，创设人文意味的课堂对话情境。

这是一堂作文课：学生先观察欣赏凡·高的《向日葵》，展开联想，于是便有了下面的对话。

教师：凝视着向日葵金灿灿的叶子，你们想到了什么？

生甲：在金黄的花叶上，我们想到了太阳的灿烂。

生乙：在那饱满的种子中，我们听到大地温馨的絮语。

教师：说得多好！你们有过这种与宇宙万物对话的情境吗？譬如，推窗望月，与皎洁的月色交谈，或者是独坐湖畔，和清风水波、树木花草交谈？

当风儿悄悄吹过，当阳光静静落地，当大地微微呼吸，当钟声悠悠传来，你们是否闭目向天，凝思倾听？只要你用心去交谈，世界上的万事万物，都渗透着宇宙和生命的本质。试试看，是不是？（学生沉思）

生丙：堆积的废墟，记录着民族兴衰的历史。

生丁：沥沥的冷雨，是游子湿漉漉的滴泪的灵魂。（他刚读了余光中的散文《听听那冷雨》）

师：于山，你是一块石；于水，你是一条鱼；于花，你是一只蝴蝶；于天空，你是一只飞鸟。你的魂灵就能够飞上天之极高处、云之极深处去徜徉。

（出示作文题）大自然是一本永恒的书，多读这本书，会使我们更加关心人类的精神历程，更加关心生命的意义。面对自然万物，你有过心灵的震动吗？从自然万物中选取一个事物、一种现象或一个角度，展开联想，并努力从中领悟生活的哲理。请以“大自然的启示”为副题，自拟题目，写一篇文章。

交上来的作文令人振奋，我们出了一期专刊，意犹未尽呢。

什么是人文意味的对话情境呢？能激活课堂、激活主体的对话不只是言语上机械零碎的你来我往，更不是操纵式的问答，而是充分尊重学生自主地位的共享型对话。想象力、思维力、创造力——它们本是智育的题中应有之义，然而，所有这些，如果没有人性土壤、人格支撑和人情滋润，将会是怎样一个结果呢？

第二，创设多姿多彩的课堂诗意情境。

一堂好课，师生如沐春风，如饮甘泉；或惊或喜，或悲或泣，或开怀畅笑，或拍案而起，或冥思苦想——“独上高楼，望尽天涯路”，或恍然大悟——“蓦然回首，那人却在灯火阑珊处”；师生心魂为之勾摄，情思随之起伏，身心俱在其中，霎时无暇旁顾；真知、真情、真理，浑然一体；知识、技能、心性，无不得到历练。课堂教学情与景的契合，营造出课堂之诗意意境。

以“景”激情。学习《兰亭集序》时，我们先欣赏王羲之《兰亭集序》书法雄逸流动的艺术美，真是“飘如游云，矫若惊龙”；再欣赏充满古代浪漫情怀的“曲水流觞”图，心游神荡；然后欣赏语言描述的“崇山峻岭，茂林修竹，清流激湍，映带左右”的兰亭美景，只觉清风拂面，水声泠泠；竹木萧萧，流水潺潺；物我同化，心境澄明：何等乐事。再来理解课文，学生兴趣盎然，不仅获得了身临其境的艺术感受，而且加深了对课文内容的理解。

以“声”激情。美妙的音乐，优美的歌声，动听的朗诵，悦耳的语言，能让学生在浓郁的艺术氛围中体味语言、声韵之美，把学生引入语言描绘的情景交融、物我两忘的审美意境。比如，可以用古琴曲为屈原的《离骚》配乐。古琴特有的沉郁厚重的音色和乐曲正可以很好地表达屈原“长太息以掩涕兮”“虽九死其犹未悔”的忧愤和执着。学习白居易的《琵琶行》，选择几段琵琶曲和《十面埋伏》，让学生直接感受何为“大珠小珠落玉盘”“银瓶乍破水浆迸”，再来品味诗歌在音乐描写上的精湛之处。音乐与诗这两种具有无限想象力的艺术形式的和谐相配，营造了诗意氛围，学生在音乐声中，走进诗的天地，也在诗意的牵引下，展开联想的翅膀，使我们的语文课堂犹如一个审美场，一举多得，何乐而不为呢？

以“境”激情。赵谦祥老师上“唐诗鉴赏”，在师生互动解读“只在此山中，云深不知处”达到高潮时，赵老师打出了一幅图片，茫然的作者面对高耸的大山、茂密的松林，不知何处觅。原来通过图片上的他穿着一件红色长袍，暗示他逃不出“滚滚红尘”也就无法领会至真至上的境界，媒体使用有“画龙点睛”之妙用。当诗中跳跃的奥秘被学生所领略时，读诗所带来的愉悦是难以形容的。如果我们善于利用各种艺术手段，指导诵读，营造氛围，调动想象，引发联想，其中的此情此景就能化作学生的“我情我景”了。这里，形象思维与抽象思维齐飞，秋水共长天一色。学生眼睛里看到的是字，脑子里出现的是画面形象，情境使学生入于目，出于口，闻于耳，会于心，从而获得主体性审美体验，课堂之意境，是师生互动，共同创造，共同享有的。生无师的引导，难造意境的深远；师无生的参与，难成意境的恢宏。营造课堂意境，教师是主导；成就课堂意境，学生是主角。

第三，创设激发想象、联想的体验情境。

学习的本质是体验。体验需要适宜的环境和氛围——情境。面对同样一个问题，关注情境的教师和不关注情境的教师，在组织教案时会做出不同的选择。例如，选取教学方法，关注情境的教师会这样想：我采用什么样的方法才能让学生愉快地接受呢？而不关注情境的教师会这样想：我采用什么样的方法才能把问题说清楚呢？关注情境的教师“有情有意”，不关注情境的教师“目中无人”。情境可以弥补方法、手段和内容的不足，但是方法、手段和内容无法弥补情境的残缺。

例如，阅读鉴赏，最好也体验体验作品所反映的生活。读《荷塘月色》，不妨也观赏观赏荷塘月色；读《我的空中楼阁》，如果就近能看到山上小屋的，不妨上上下下观察一番；读《假如给我三天光明》，也有办法体验，让孩子们当一次“残疾人”，或者蒙上眼睛，或者绑了一条腿，或者吊起一条胳膊。海伦·凯勒是又盲、又聋、又哑，我们不用来上一天，来上一刻钟就行了，装个盲人、聋哑人，再来读海伦的文章，那种新的感受，岂是平日坐而论道所得。关注情境，从本质上讲就是关注学生，关注他们的心理、思维、感受，从而着力建设适应学生发展的环境和氛围，促进学生去了解作品中所包含的情感，去走进作品，去同喜同悲、共乐共怒，更深入地感动于情感之美。

第四，创设“愤”“悱”的问题情境。

课堂应点燃学生智慧的火把，而给予火把、火种的是一个个具有挑战性的问题，让学生走出教室的时候仍然面对问号，怀抱好奇。美国卡麦隆在《课堂教学技能》一书中，将课堂提问分为事实性问题、经验性问题、创造性问题和评价性问题四类。前两类是比较简单的一般性的问题，是为了巩固课堂内容，回忆已学内容。教师应在后两类问题上下苦功，设计出能培养学生求异思维能力，能引发学生见仁见智，能从“小课堂”引向“社会大课堂”，能促进学生质疑能力培养的问题。教师应创设“问”的空间。如可以对课文内容做“蜻蜓点水式”的讲解，以此促进一知半解的学生的提问；可以对一个众说纷纭的问题，故作“一言堂”，以激起另有己见者的疑问；可以精心设计“疑云密布”的板书；可以引导学生研读重点段落，开展提问比赛，看谁提的问题多，提的问题好。总之，如朱熹所说“读书无疑者须教有疑”，“于不疑处有疑，方是进矣”。切不可把一堂课搞成“大问小问有问就好”的“满堂问”。一些成功的语文教学之所以成为经典，就在于问得经典。

综上所述，培养学生多样化的学习方式有许多工作有待开展，更有许多办法有待发展，它对教育者和学习者都是一项全新的课题，它的生机和活力是探索教学关系的不竭源泉，愿我们的努力能造就出一批更加适应时代发展的弄潮儿。

高效率教学强调发现性学习、探究性学习、研究型学习，让学生的学习过程成为一种不断发现问题、提出问题、分析问题、解决问题的过程。这就要求老师要更新教育观念，采取多种多样有效的教学方式，通过教学方式的转变，进而改变学生的学习方式，从而达到提高教学效率的目的。

4. 怎样促进学生自主探究

探究性学习是高效率教学所倡导的一种学习方式，在学生探究的过程中需要教师的引导与指导，教师引导得越得法，学生探究的效果越好。

对我们教师来说，要放手让学生去探究，尽量不干扰学生的探究方式和行为，当然还需要对探究给以正确的引导，从方向上、方法上给以指导，更多的事情应该让学生自己去做，给学生足够的时间，充足的活动空间，思维上的自由度，让学生选择他们感兴趣的问题、喜欢的方式去探究。

教学是一门艺术，课堂是一方舞台。要使课堂教学这一人生大舞台充满魅力，教师就必须讲究课堂教学的艺术方法，充分调动学生兴趣，有效地引领学生智慧地学习。无论是教学方式的预设、课堂情境的营造，还是学生思维的点拨、课堂生成的把握……一刻也离不开教师这个“导演”。那么，在实际的教学工作中，我们究竟应该怎样促进学生自主探究呢？

第一，创设问题情境，激发学生自主探究的欲望。

数学课上，在进行“口算加减法”时，例题是27+38，引入有的学生采用的尾数相加的方法：7+8=15，20+30=50，50+15=65；有的将一个加数进行分解：20+38=58，58+7=65，这两种方法都比较常用。教师在充分肯定学生的成绩后提问：“谁还能想出不同的方法？”经过思考，有一位同学站起来说：“可以先把38与27的差算出来得11（38−27=11），再用27乘以2得54

(27×2=54)，最后将54与11相加得65（54+11=65）。老师先是一惊，他的想法很独特，便问他："你为什么要用27×2呢?"他说："因为前面有一个27，38里面也有一个27，所以用27×2=54，54再加上它们的差就是答案。"老师觉得这样的方法太奇妙了，也很新鲜，就在全班表扬了他。到了第二天，有这样一道题："养鸡场有母鸡1225只，第一天下了1118个蛋，第一天比第二天多下了109个。两天一共下了多少个蛋？"大部分同学这样做：1118+109=1227（个)、1227+1118=2345（个)。也许是受了昨天的影响。有一位学生这样做：1118×2=2236(个)2236+109=2345(个)。这一方法乍一看似乎不合解题思路，但是细想来，学生已进行了较复杂的思维过程。其中有求几个相同数之和的思考："第一天比第二天多109个，其中肯定还有个1118。"整个过程，充分体现了学生的分析综合能力。这节课，除了适时地在解题策略方面给孩子们启发和诱导外，更给他们营造了一个民主、和谐、愉快的课堂氛围，从而自主、创造性地开展学习。

第二，小组合作学习，给学生创造自主探究的机会。

小组合作学习是在班级授课背景下，把一个教学班的学生分成多个小组，在课堂教学的某些环节，组织各小组学生在各自独立思考的基础上，经过与人合作，互相帮助来共同解决问题的方法。数学课堂中开展合作学习，能够密切师生和生生之间的相互关系，从而形成师生平等、协助的课堂氛围，合作学习还能活跃学生思维，扩大思维广度，学生就能从那些与自己不同的观点中得到启发，对问题的理解更丰富和合理，从而促进思维向广度和深度发展，合作学习还能弥补教师一个人不能面向每个学生进行教学的不足，通过师生之间的互动，学习好的学生帮助学习差些的学生，从而达到人人教我、我教人人的目的。小组合作学习能给学生创造自主探究的机会，使每个学生都有充分表现的机会，集思广益，取长补短，形成集体的凝聚力，增强学生合作意识，提高交往能力，从而促进其主体发展。如在教学"长方形与正方形的认识"时，教师先跟学生通过数数、折折、量量等活动逐步抽象概括出长方形边和角的特征。然后在研究长方形特征的基础上，让学生6人一组合作讨论，自己得出正方形边角的特征。这样组织学生讨论，让学生自由发表自己的意见，使其主体性得到充分的发挥。再如在教“长方形的周长”时，教师提出这样一个问题：计算长方形的周长有哪几种方法？让学生分组讨论，学生通过分组讨论、摆长方形，得出了许多种方法：(1)长＋宽＋长＋宽；(2)长×2+宽×2；(3)长＋长＋宽＋宽；(4)(长＋宽)×2；(5)长×4—(长—宽)×2；(6)宽×4+(长—宽)×2……然后再让学生讨论比较，哪种方法是计算长方形的简便方法。这样逐步引导学生讨论，使学生从被动到主动，使他们在探索知识的过程中加深对知识的理解，对知识保持的强度，使他们的思维得到相互启发和训练，提高语言表达能力、分析问题能力、解决问题能力和团结协作能力等，促进学生主动发展。

第三，鼓励学生大胆猜想，设法验证，教给学生自主探究的方法。

猜想实际上是一种想象，是人的思维在探索规律、本质时的一种策略。它是建立在已有的事实经验基础上，运用非逻辑手段而得到的一种假定，是一种合理推理。

数学方法理论的倡导者G.波利亚非常强调猜想在数学学习中的重要性，专家的研究也指出，数学猜想能缩短解决问题的时间，获得数学发现的机会，锻炼数学思维。在平时的教学中，教师经常注意鼓励学生大胆猜想设法验证，教给学生自主探究的方法。如在教“平行四边形面积公式”时，先引导学生观察两个长和底相等、宽和高也相等的长方形和平行四边形，然后鼓励学生大胆猜测平行四边形的面积公式可能是怎样的？接着利用小组讨论，通过把平行四边形剪拼成长方形，验证得出猜测正确，平行四边形的面积＝底×高。这样，学生在我的指导下，从不习惯于猜想到习惯于这样思维，既使他们体验到了从猜想到验证的成功，同时也教给了学生自主探究的方法。

第四，通过操作实践活动，给学生提供自主探索的途径。

学生的思维以具体形象为主，他们是通过动手操作实践在其心理结构中构建知识的。积极主动地动手操作实践活动是学生获取知识、发展能力的重要条件，同时也为学生自主探究提供了途径。所以教师要为学生多提供动手操作实践的机会，使学生通过动手、动脑、动嘴，把抽象的知识转化为可感知的内容，让他们在操作活动中尽情展示自己，不断创造自己。

如一年级小朋友在学习了元、角、分的知识后，教师可组织学生进行一次“逛商店”的实践活动，让他们自己开展买卖活动。活动中，部分学生当售货员，其余当顾客，给定钱数，让他们选各自有用的、必需、合理的物品，使他们在动手操作实践中，不仅巩固了所学的知识，更重要的是体验到了数学的价值和魅力。

第五，让学生体会成功的乐趣，给学生进一步自主探究创造条件。

在教学中，教师还必须注意经常使学生具有成功感，因为成功感是学生完成某项学习任务后产生的自我满足，是一种积极而愉快的情绪状态，它是激发学生以更大热情投入自主学习的需要，也是增强学生的自信心、走出失败阴影、培养学生健全人格的要求，它能使学生继续努力学习探究。正如苏霍姆林斯基说的：成功的欢乐是一种巨大的情绪力量，是继续学习的动力。因此教师在教学中可选择带有更多的现实背景和时代气息的材料，设计各种解决生活问题的实践活动，面向全体学生，让不同层次的学生在参与学习活动中更能体会到对自身发展的关注和对社会环境的关注，使学生更多地体验使命感和成就感，同时享受成功的喜悦，从而为进一步自主探究创造条件。

总之，在教学中，教师只有不断创设各种问题情境，给学生创造动手操作实践的条件，提供自主探究的机会，教给学生探究的方法，才能促进学生主动探究，促进学生主动参与知识的建构，促进学生主体得到发展，从而提高学生的课堂学习效率。引导学生自主探究，促进学生主体发展成为进行素质教育的必由之路。在课堂教学中，教师应努力培养学生自主探究新知，解决实际问题的能力。学生只有在努力探究新知、解决问题的过程中，其学习的自主性、主动创造性才能得到充分发挥，主体性才能得到充分发展。

——摘自《小学教学参考》(2001.10)略有改动

作者：森泉中心小学　陶莉红

探究的过程是一个循环往复不断提升的过程。学生在探究中随着问题的不断解决，通过深入思考又发现新的问题，新的问题的提出促使学生开始新的探究。通过探究问题，学生逐渐积累了探究的方式与方法，去尝试解决新的问题，探究出更有价值的结论。生活无止境，社会无止境，科学无止境，探究也就无止境。人们总是在不断探究中前进，在探究中不断发现自己。

5. 怎样引导学生积极地进行讨论

在课堂教学过程中，老师经常会组织学生进行小组讨论或全班讨论，这是引导学生主动探究学习的有效手段之一。但有时是把学生分组了，可讨论却很冷清，发言也不热烈，或者讨论远离主题，学生的学习主动性没有发挥出来。以解决问题为基点的讨论式教学，离不开问题与讨论。问题是基点，讨论是方式，两者相辅相成，辩证统一。

那么，我们究竟应该怎样引导学生积极地进行讨论？

在听课视导过程中，对于“怎样引导学生积极地进行讨论”这样问题，老师们能够达成这样的共识：

第一，明确讨论目的。

有“的”才能放矢。虽说现在提倡“以人为本”，但教师对讨论能达到何种程度，会产生什么样的效果，讨论前应该“胸有成竹”，起码得有八成的把握。当然有些东西是不能预设的，有时学生会提出些离谱的，甚至荒谬的问题，这就需要教师的点拨引导，千万不能过早地做出判断，下个结论，否则会禁锢学生的思维，泯灭学生的灵感。因此，讨论时必须抓住“主线”，方能使讨论真正成为师生之间、生生之间共同交流、充分展示自己的平台。

第二，定准讨论基点。

讨论问题过大，漫无边际，让学生百思不得其解，无从下手，只能枉费时间，还会使讨论冷场或偏离议题。反之，信手拈来表面上看轰轰烈烈，热热闹闹，实则根本达不到教学目的。故问题的设计必须符合学生已有的知识水平，讨论的内容以学生原有的知识作为基点，能让学生“跳一跳，摸得着”，在最短的时间内，经过独立思考能比较准确地有条理地作答。

第三，创设情境。

一般来说，讨论是教师预设的，是有目的、有计划、有步骤地进行的，这也是课堂教学所必需的。但是还有一些讨论是在具体情况下必须得进行的，这就需要教师大胆地丢掉原有设计，抓住契机，引导学生深入讨论。

一位教师在教学初一年级《思想品德》“积极对待挫折”这一知识点时，就设置了以下两个问题情境：

情境一：播放录像——录像中的主人公小明要参加学校举办的美术兴趣小组，而爸爸不同意，小明与爸爸发生了争执。看完录像后。请就以下问题发表自己的见解：

①录像中的主人公小明遇到了什么挫折？

②面对挫折，小明有哪些感受或反应？

③请你帮小明想想解决问题的办法。

情境二：播放录像——小蓓的妈妈偷看了小蓓的日记，小蓓气得哭了，与妈妈大吵了一顿。看完录像后，请你就以下问题发表自己的见解：

①小蓓遇到了什么挫折？

②当时，小蓓心里有何感受？她又是怎样做的？

③小蓓应该怎么办？请你帮她出出主意。

以上两个情境，涉及学生在兴趣、自尊等方面遇到的挫折。学生面对这样的问题情境，自然会畅所欲言，整节课的教学气氛也就极为活跃。

第四，情境创设必须附带问题。

情境的设置必须附带问题。这些问题可以由教师提出，也可以由学生在教师的启发下从情境材料中“发现”。而问题的提出或发现是大有学问的。因此，在问题教学中，为了发挥问题的教学功能，尤其应注意问题逻辑理论的把握和运用。

■把握问题分类理论，增强提问的多样性和针对性。思想政治课教学的提问大体可分为：判断型提问、说明型提问和论证型提问。把握问题的分类理论，可以使教师自觉地交替使用多种提问方式，并针对不同的教学内容，提出不同的问题。

■把握问题问域理论，增强提问的适度性和明确性。问题的问域是指在问题的表述中必须给定的设题的特定范围，也是学生回答问题的特定范围。

一个问题的问域明确，学生才能回答得正确。否则，问域大而不当，学生就会答非所问。例如，有的教师问学生："你的理想是什么？""作为消费者，你应遵循哪些法律？"这一类问题均属大而不当，学生在回答时往往无从下手。

■把握问题预设理论，增强提问的具体性和启发性。所谓问题的预设，是指问题的题设部分显露出已知的或隐藏的某种思想。问题的预设主要是通过题设表达出来，是问题与答案之间的桥梁，也是学生解决问题的钥匙。

■把握问题逻辑值理论，增强提问的科学性和有效性。问题的逻辑值即指问题的真假。一个问题如果没有真实的答案，则这一问题的逻辑值是假值；反之，其逻辑值为真值。例如，有的教师常问学生："上帝是万能的吗？"这一问题的预设是"上帝是存在的"，然而，上帝并不存在，因而这一问题的逻辑值是无意义的。

对我们教师来说，引导学生积极地进行讨论必须要做好两方面的工作：一方面要真正了解学生的情况，设计出让学生感兴趣的问题，做好引导，让学生带着问题去讨论；另一方面是在学生讨论的过程中，老师要走到学生当中去，这样就能及时发现学生在讨论过程中出现的问题，及时进行辅导，这样谈论就不会出现冷场，这样的谈论才有效果。

讨论是思维碰撞出火花的基石，是提高学生学习积极性和主动性的有效手段。所以，引导学生积极地进行讨论，不仅可以加深学生对教材内容的理解，而且能够培养学生的合作研讨意识，在学习中更能体现学生学习的主体地位。

6. 怎样让课堂"形乱"而"神不乱"

在课堂教学过程中，有时会遇到课堂秩序"乱"的情况，但只要全体学生能够紧紧围绕着一定的教学目标，带着明确的学习任务在"乱"，即使"乱成一锅粥"也不要紧。这说明学生的学习很投入、很主动，思维很活跃，学习方式是个性化的，这时候的"乱"，恰恰是教学的"高潮"所在，是教学的最大成功。课堂秩序"乱"并不可怕，关键要看"乱"的是什么。在一定教学目标之下的形"乱"而"神不乱"，学生才能得到充分的、积极主动的发展，这恰恰是教学最大的成功。

那么，在实际的教学工作中，怎样才能让课堂“形乱”而“神不乱”呢？

第一，恰当而精心的组织教学过程。

教师应了解和熟悉学生的实际，吃透教材，精心设计教学过程。教师要认真钻研教材，对每一章、每一节的要点、难点，对自己所讲的内容做到心中有数，要反复推敲每节课中的每一句话，从而使课堂中语言精练，有条理。上课前要布置学生先预习，设计好预习应弄清的问题或是应达到本节课的目标，对上课时的课堂结构、内容安排、时间安排、学生自学安排，是教师讲，还是学生练习；多调动他们学习的主动性和积极性的措施，激发学生学习兴趣的材料等都应做到精心设计、精心安排、精心组织，这样才能够在课堂上做好“导”，也才能体现学生的主体作用。

第二，建立和谐、民主融洽的师生关系。

教师不仅是知识的传播者，智慧的启发者，更是精神的熏陶者，人格的影响者，道德的体现者，所以民主和谐的师生关系是培养学生的创新精神和实践能力的肥沃土壤。教师应尊重学生的自尊心，要注意培养和保护学生的自尊意识，小学生如荷叶上的露珠，天真无瑕，却又极易破碎，他们的内心是极其脆弱的，所以，哪怕是一年级的学生，教师也应该尊重其自尊心。在教育中，我们倡导对学生的赏识和鼓励，教师可通过语言、手势、微笑等方式肯定学生或用评语来沟通师生的感情，融洽师生关系。尊重学生的个性，对学生不抱有偏见，以发展的眼光客观、公正地评价每一位学生，使学生的个性不受任何约束，并最大限度地发挥出来，这样，学生才会“亲其师，信其道，更其学”。只有这样，才能发挥其主体的能动作用，与此同时教师也会受到学生的尊敬和爱戴。由此可见，只有建立好师生间和谐民主、融洽的关系，互相理解和尊重，才能充分发挥教与学的能动作用。

第三，发挥教师的主导作用和学生的主体作用。

心理学研究表明，学习的最佳状态应是一个人的情绪处于“中性”状态，过于冷静和过于兴奋，都将影响学习的效果。常见部分年轻教师的公开教学中，学生谨小慎微，不敢高声言语，课堂气氛沉闷，有如风雨欲来的死寂，让人有一种难以言状的压抑。这时，作为主导地位的教师应投入自己的情感，去调动学生参与的积极性，使出浑身解数，去激活课堂。

请看著名特级教师薛法根老师的一段课堂前奏——

师：同学们认识我吗？我姓薛。仔细看看我，有些什么特点？

生：你人长得很高、很瘦。

师：高好啊！站得高，看得远嘛！

生：你的头很小。

师：头小，智慧多。

生：你的牙齿有点凸出来。

生：眼睛小小的。

生：脖子很长。

师：脖子长好啊！天鹅的脖子多长，那是高雅！（众笑）

生：你有点驼背。

师：这是我向骆驼学习的结果。当然，我只能成为单峰骆驼。（众大笑）

生：你的字写得很漂亮。

师：（与学生握手）谢谢你，只有你夸奖我！要不然，我真的会感到很自卑的。

这样的话语交流，便奠定了整堂课宽松、安全、自由的思维状态。

同时我们也发现，有的年轻教师的课堂，学生小手如林，欢呼雀跃，“老师，我！……我说我说！”情绪激昂，不停喊叫，逼迫老师也把噪音提高八度维持纪律，有时甚至在某一情境的活动过程中，全班处于失控的状态。这样的局面一是说明课堂学习常规的养成问题，另一方面也说明教师的调控出现偏差。其原因可能是问题过于简单，缺乏思维深度，也可能是情境富于趣味而缺乏智慧挑战等。因此，面对学生的亢奋，如何降温，需要在平时的每节课中去寻求、去体味。

第四，提高教师驾驭课堂的能力。

控制生成，避免徒劳与泯灭。

教学的实质是师生的交往，课堂是教师、学生、文本之间交错纷杂的一个互动的“场”，也是学生出错的“场”。在交互过程中，由于学生的年龄特征、生活经验、知识储备以及理解水平的差异，有时会出现偏差，有时会迸发出自己独特的感受，有时会生成课前预设之外的情节。这种课堂生成，有的是良性的有积极意义的，有的是不利于教学进程推进的。

积极的就需要有效利用，而不能置之不理，不能让思维的火花一闪即逝。如一位老师教学《鹬蚌相争》一课时，当学生提出课文是错误的、骗人的时，在那种情况下，鹬与蚌怎能说话呢？面对学生生成的质疑，教师并非话语霸权，并不是强加给学生：“这是寓言，是可以反常规的！”而是及时地控制：“是呀，它们怎能说话呢，这里的说真是出声的说吗？你是怎样理解的？”将生成的问题又推给了学生，从而让学生展开了想象的翅膀，揣摩鹬蚌之间丰富的心理活动。两种处理方法，前者是泯灭，后者是点燃。

消极的生成，就更需要教师智慧的控制。课堂违纪现象是常见的课堂消极生成，这时便需要教师使用多种暗示手段有针对性地加以控制，如一个眼神、一个手势、一个加重的语气等。

有些发散性问题，学生活跃的思维可能生出五花八门的答案，这时教师如果控制不当，便徒劳无益。如一位教师执教《黔之驴》。

师：学完课文，你有何想法？

教师意在引导学生通过对驴子的评价，发现并理解该寓言的含义，而偏偏——

生1：驴子很蠢！

生2：老虎很有策略，陌生——试探——了解——攻击！

生3：最可恨的是“好事者”，不是他的制造，哪会出现这样的悲剧？我憎恨“好事者”！

生4：我很同情驴子，它招谁惹谁了，在那里相安无事地生活，为什么偏偏落个这样的下场。

生5：这就叫优胜劣汰，适者生存，符合自然规律。

生6：难道说这个社会上的弱势群体就该遭到强者的伤害吗？

于是大家一发而不可收，围绕强势与弱势，争辩起来！

这里的生成慢慢地偏离了寓言的本意，出现了价值的中立与失落，避离了目标，导致了徒劳的辩论。这时就需要教师的及时调控，将目光聚焦到驴子身上，从而理解本文的内涵所指。

要让课堂“形乱”而“神不乱”，就要求教师在课堂上要充分发挥组织与引导的作用，要学会控制，并优化控制。

第三节 高效率教学对教师的基本要求

高效率教学对教师的要求已经超越教师基本功的范畴，教师需要全面提升自己的综合能力。

1. 掌握现代教育理论，实现课堂教学方式的转变

现代最新的教学思想和教学理论，是研究当今学校课堂教学现象、揭示教育教学规律、指导课堂实践的理论支撑。对我们老师来说，只有掌握现代教育理论，实现课堂教学方式的转变，才能更好地适应教育教学的需要。

在我区青年教师读书会上，平谷一小的张老师做了典型发言，她的发言引起了很大的反响。她说：

建构主义认为：学习是获取知识的过程，知识不是教师传授得到的，而是学习者在一定的情境即社会背景下，借助其他人(包括教师和学习伙伴)的帮助，利用必要的学习资料，通过意义建构的方式而获得的。建构主义提倡在教师的指导下，以学生为中心，强调学生的认知主体作用，又不忽视教师的指导作用。与之相应的建构主义基本教学模式是“以学生为中心，在整个教学过程中由教师起组织者、指导者、帮助者和促进者的作用，利用情境、协作、会话等学习环境要素充分发挥学生的主动性、积极性和首创精神，最终达到使学生有效地实现对当前所学知识的意义建构的目的”。学生是教学的中心，是主动的意义建构者，教师、教材、媒体是学生意义建构的外部环境，其中教师是教材的组织者、媒体的设计者，在学生意义建构过程中起指导、帮助和促进作用；教材是学生自主学习的内容；媒体既能向学生提供信息、

帮助，又是学生加工、处理信息的工具。与“以教师为中心”的传统教学模式相比，这种教学模式能真正体现学生的主体地位，发挥学生的主体作用，强化学生的自主意识，调动学生学习的主动性和积极性，有利于培养学生的创新思想，发展学生的创造能力，为培养创造型人才打下良好的基础。

掌握现代教育理论，对于我们实现课堂教学方式的转变，提高课堂教学效率有很大启示。主要表现在以下几个方面：

第一，关注发展，强调能力。现代教学理论强调教学不仅要传授知识技能，还要充分发展学生的智力因素与非智力因素。教学不是单纯传授知识，而是以思想认识为基础，伴随着情感意志全面发展的过程。

第二，学科知识结构合理。所谓结构，就是指事物之间的相互联系。基本结构，就是指事物之间最普通的联系。学科的基本结构，就是指每门学科的基本概念、基本原理、基本原则、基本公式、基本法则、基本学练方法等。这些概念都从不同的侧面反映事物之间的相互联系，即事物发展的规律。

第三，教会学习，授予方法。教会学生多种学习方法比学会某一个知识点和技术、技能重要得多。只有掌握了科学的学习方法，在学习中才能产生有效教学的效果，这就是现代教学理论的显著特点之一。

第四，教学信息多向传递。教学过程是师生互动、生生互动的动态活动过程，也是教学信息传递、储存、处理的过程。从目前教学信息传递情况来看，有单向传递、双向传递和多向传递。多向传递是教学发展的必然趋势。

第五，教学手段继承创新。教学手段是提高有效教学的重要保证。坚持继承传统中好的教学手段，结合运用现代教学手段，在继承与创新中提高与发展。这里讲的现代教学手段主要是指教学工具、设备、媒体等。

第六，运用“三论”探索规律。运用信息论、系统论和控制论的理论，来研究教学现象已成为事实。信息论、系统论和控制论是新型的综合性的基础理论。

第七，注重效果，有效教学。科学技术的发展，教育的变化，知识的剧增，必须研究和解决教学的效率问题。苏联教育家巴班斯关于“教学过程最优化”的理论，为研究教学效果、提高教学效率问题提供了新的具体方法。

第八，“一导”“双主体”（教师主导，学生教师都是主体）。现代教学与传统教学，强调教师主导作用和学生主体作用。在课堂教学中，只有将教师的积极性加上学生的积极性，才能不断地提高教学质量，两者缺一不可。

第九，课内课外互相促进。班级授课制局限于一个“教学模式”，不能适应学生的个性差异，必须给学生更多的自由支配时间，让他们阅读课外书，参加学科活动小组，在野外劳动，观察自然现象、社会现象，使课内和课外很好地结合。

第十，因材施教，培养个性。培养具有个性的“现代人”是社会发展的需要，承认差别，按照学生的不同特点进行分层次、分组别教学，才能培养出更多具有个性发展的人才。

课堂教学的转变是课程改革的核心，改变课堂教学被动状态，让课堂教学变成学生主体性、能动性、独立性和不断生成发展提升的过程。在教学过程中，要实现课堂教学方式的转变，主要从以下几方面入手：

第一，教学目标由一元型向多元型方向转变。教学目标是促进学生每一节课所要达到的行为标准。过去的教学目标制定得单一、不全面，侧重点只是以知识、技术、技能为中心的传授，忽视了学生思想品德的教育与培养，特别是在学生的可持续性发展和终身发展方面考虑得不够。当今的课堂教学目标已经由原来的一元型向现代的多元型转变。因此，我们在制定教学目标时，要结合学生的身心特点、教材内容，制定出符合学生基础、促进全体学生全面发展的，又有利于课堂实际操作的、最能够实现的教学目标。

第二，教学观念由固执保守向全面创新方向转变。教师的教育思想观念决定着课堂教学转变的方向和性质；教师的教育智慧与专业才能决定着课堂教学转变的质量和深度；教师的敬业精神是实现课堂教学转变的内在动力；教师的人格魅力是实现课堂教学转变的心灵支撑；教师的先进经验和实践后的反思是实现课堂教学创新的基础。受过去50多年全国一个纲、一套教材、一种教学模式的根深蒂固的影响，广大教师在教学观念上一定要克服固执保守思想，积极努力向创新方向转变。

第三，教学内容由重视知识、技术、技能传授向多样化方向发展转变。人类在进步，社会在发展，教学内容若停滞不前，则不能适应竞争激烈的世界。因此，不断拓展教学内容，进行教材资源的开发，使教材内容向着多样化的方向转变，同时改变呈现方式，将教学内容从课本扩展到学生的生活实际，紧紧贴近学生现在和未来的生活与工作；不断超越教材内容，不仅只在量上扩充延伸，还应带领学生将教材内容进一步延伸、修改，并注重再创造，让教师成为学生积极发展的策源地。超越教材内容的过程，其目的是用教材内容教，而不是只教教材内容。让学生多角度、多渠道、全方位地从书本中积累文化知识，直接获得情感体验、生活经验等人生素养，让他们在书中与历史对话，与高尚交流，与智慧撞击，从而打下扎实的文学素养和人文素养。

第四，教学组织由僵硬向活泼方向转变。传统的课堂教学组织方式僵硬呆板，教师通常采用的是通过统一组织教学、讲授知识、复习知识、巩固知识、运用知识和检查知识来进行。其基本做法是：以纪律教育维持组织教学，以教师讲解学生听记传授新知识，以背诵、抄写、练习复习知识，以评价巩固已学知识，以多做练习和测试运用新知识，以考试测验检查学习效果。这样的课堂教学方式，明显僵硬，死气沉沉，学生学习不活泼、不生动、不主动。它的缺陷越来越显现出来。它以知识传授为核心，把学生看成是单一接受知识的容器。按照上述五步进行教学，虽然强调了教学过程的阶段性，但却是以学生被动地接受知识为前提，没有突出培养学生实践能力和创新精神，没有突出学生学习的主体性和独立性。我们认为课堂教学组织应注意六个方面：①要变“组织教学”为“动机激发与组织教学结合”。②要变“讲授知识”为“主动求知与讲授知识结合”。③要变“复习知识”为“发展需求与复习知识结合”。④要变“巩固知识”为“自我表现与巩固知识结合”。⑤要变“运用知识”为“实践创新与运用知识结合”。⑥要变“检查知识”为“互相交流与检查知识结合”。

第五，教学方法由封闭兵营型向开放型转变。用封闭兵营式的教学方法，来禁锢学生的活跃思维，用单一的知识来封杀学生的想象，是教学方法的落后。封闭兵营型教学的弊端是一切由教师说了算，教师在课堂教学中搞“一言堂”，教学内容教条死板，讲课过程始终是从书本讲到书本，学生根本没有一点提问、讨论学习、互动学习、吸取其他知识内容的空间。这种课堂教学方法，第一，扼杀学生“我要学习”的主动性；第二，限制学生“我能学习”的独立性；第三，封杀学生独立认识世界方式的独立性；第四，替代学生去感知、去操作、去实践、去思考的体验性；第五，堵住学生思考问题和提出问题的思路。五个特征从不同角度阐述了现代课堂教学方式转变的特点，它们之间是一个有机联系、不可分割的整体，教师要从全面的高度给予把握，领会精神实质，从而丰富自己的教学方法，达到改变学生学习方式的目的。

第六，教学评价由划一型向系统型转变。课堂教学评价是课堂教学的一个重要方面。克服过去评价不利于激励学生学习情趣的弊端，不切合学生实际的做法，不能真正反映学生学习态度、情感、知识、技术、技能、体能的考试内容，是课堂教学评价改革的重点。在课堂教学评价方面，我们将考试多种内容的选择，考试前、中、后期三段，进行过程评价与终结性评价，学生自评、学生互评等多方面进行整合，使其课堂教学评价由划一型向系统型转变。

第七，教学模式由单一型向多样型转变。在课堂教学的转变过程中，我们的指导思想是，不能用一种教学模式去针对千变万化的学生，更不能用一种不变的教学模式去面对个性发展的学生。不同学校，不同学生，不同教材，提示我们在教育培养学生，传授知识、技术、技能等方面，必须用多样型教学模式去教学(如在某一节课的教学中，突然发生了一个意想不到的变化，这时教师就应该及时灵活自如地运用即兴展现教学模式)。

第八，学科课程由单纯型向全面型转变。沿用统一大纲、统一教学计划、统一教材、统一考评内容与标准，这是学科单纯型课程。学科单纯型课程的特点是没有任何回旋的余地，教师必须严格按大纲、计划、教材教学，教师是课程的被动执行者。全面型学科课程按照国家政策的规定是实行“三级课程”管理(根据本地区、本校学生的特点实施“国家课程、地方课程、校本课程”)，特点是教师由原来的执行者转变为一个设计者、操作者。这样广大的教师就要不断地学习，提高驾驭课堂教学的能力。

对于我们老师来说，要实现课堂教学转变的形式内容丰富多彩，为促进学生全面发展、可持续发展和终身发展，为达到有效教学的目的，应勇于创造最佳的课堂教学模式与教学方法。随着时代的发展、人类的进步，实现课堂教学的转变，将是一个不断变化发展的动态过程。

缺乏理论支撑的教学是随意的，缺乏理论支撑的课堂是盲目的，缺乏理论支撑的教学及研究只能在低水平上徘徊。所以，只有用现代教育理论指导的课堂教学实践，才能避免教育教学在低水平上重复和难以取得突破性进展的现状。

2.加强学习，提升自己的专业修养

高效率教学要求教师要用真诚的话语在每天的课堂里播撒下一颗颗爱的种子，高效率教学要求教师要用真挚的爱在课堂的每一分钟里创造爱的永恒；高效率教学要求教师要用真实的灵感在课堂的四十五分钟内体验生命的增值和律动。这就要求我们的老师在实际的教学工作中，必须加强学习，努力提升自己的专业素质。

常言道：艺高为师，德高为范。教师的举止言行无时不对学生起着潜移默化的作用。低素质的教师无法培养出高素质的学生，就道德素质而言，教师应做到人为本、德为先，以自己高尚的品质、良好的修养与人格去感化、影响所教育的对象，做到以情感人，以理服人，从而达到理想的教育目的。严谨地治学，勤奋地工作，无私地奉献，对学生必然产生一种无声的教育。通过各种渠道，营造一种氛围。通过课堂的主渠道对学生进行正确的世界观、科学的人生观及未来的生存观教育。通过平时的言行对学生进行良好的养成教育，在规范学生的不良行为时，杜绝简单粗暴等现象，使学生在学校能感到集体的温暖。对教师产生敬慕的感情。教师如果能做到这一点，他们的言教在学生那里就会掷地有声，定会收到良好的效果。

教师的专业素养主要表现在以下几方面：

第一，是否有亲和力。

“亲其师，则信其道。”“亲和力是教师在身教、言教过程中所体现出来的让学生感受到的亲切感和信赖感。教师有亲和力，学生对教师的接纳程度就高，教师的言行就会更好地融入学生的学习和情感生活；学生就能在宽松和谐的环境中积极响应，主动思考，获得最好的学习效果。”教师是否具有亲和力，往往从教师的语言及辅助中一览无余。教师的语言如果亲切自然，教学氛围就会融洽，学生就愿意与老师亲近、交流，进而积极主动地投入学习活动中来。

第二，是否有丰厚的文化积淀。

教师的文化积淀包含有对中国传统文化的精髓和当代先进文化的积淀。它需要教师长时间博览群书，体验生活，并对书籍和生活所涉及的内容深入思考。文化积淀深厚与否，往往会外化为人的谈吐水平和修养。水平不高，则教书乏招；积淀不深，则创新乏力；修养不足，则育人乏术。因此，教师的文化积淀对提高课堂教学质量起着至关重要的作用。而教师文化积淀是否深厚最直接的反映则在教师的提问点评上。如果教师提问点评语言锤炼得准确、生动、形象，那么教师的文化底蕴就深厚。

第三，能否合理地把握预设和生成的关系。

叶澜教授对理想的课堂曾做过这样的论述：“课堂应当是向未知方向挺进的旅程，随时都有可能发现意外的通道和美丽的图案，而不是一切都必须遵循固定线路而没有激情的行程。”可见，合理地把握好预设和生成的关系，是课堂教学走向成功的关键。而评价教师是否合理地把握好预设和生成的关系，主要看教师提问是否对有价值的资源及时纳入，及时评价学生的生成。教师如果能针对学生的生成适时调控，及时捕捉有价值的教学信息，并及时地评价学生的生成，那学生思维的火花就会不断闪现，使课堂洋溢鲜活的生命力。

多维评“教”研究作为课堂教学全息整合评价研究中的一个点，它反映着课堂教学中教师教学活动中所有“信息元”的全部信息，也反映整个课堂教学的有效程度。但由于受时间、范围和研究对象的限制，其反映的信息往往存在一定的局限性。为此，笔者将不断减少外部因素的限制，使教师教学的评价研究不断趋于完善。

为此，要求老师在实际的教学工作中要加强学习，努力提升自己的专业素养。

第一，提升教师的职业道德，增强自身的人格魅力。

要想给他人塑造灵魂，自身必须有高尚的灵魂、情操。教师不仅要有较高的文化修养，而且还应具备高尚的道德修养，不论是在学识还是道德品质等各方面都要成为他人的榜样。古人有云："其身正，不令而行，其身不正，虽令不从。"教师的一言一行、举手投足无不影响着学生。教师的语言更要规范、文明，举止大方端庄，严肃而不古板。

教师一定要常修为师之德，做一个有风格的人、有风骨的人，做一个道德高尚、正直无私，富有爱心的人。只有这样，我们的言行才能对学生产生震撼，才能以自己独特的人格魅力，吸引学生、感动学生、教化学生。

第二，提高自身专业文化知识，丰富自己的文化内涵。

俗话说："给学生一碗水，教师就得有一桶水，给学生一桶水，教师就得有一池水、一河水、一江水。"这就是说我们教师要不断学习、不断探索、不断完善自己才能跟上时代的步伐。专业文化知识，是每个教师必须具备的，只有具备了扎实的专业文化知识，才能在教学中站得高望得远，才能放得开并收得拢，才能准确地评价学生知识掌握的程度并适时调整教学，才能面向全体学生并大面积提高教学质量。我们面对的是一群有思想、有个性的天真烂漫的孩子，不同年龄段、不同性别或同年龄同性别的不同学生，其心理是不一致的，这就要求教师必须具备一定的心理学、教育学知识，针对不同个性的学生采用不同的方式方法进行教育。

当今社会发展之迅速，知识更新之快，如果不树立终生学习的思想是跟不上时代步伐的。因此，教师必须努力钻研专业理论，不断学习现代教学教育理论，完善知识结构，及时传递新的信息，并用新的教具和新科技手段辅助教学。透彻理解并掌握新课程改革的教育思想，树立正确的教育观、人才观，抓住机遇，认真学习新课程改革标准，积极践行新课程改革精神，勇于创新，多学习，多思考，争做新课程改革的先行者、开拓者，甚至领路人。

第三，探求新的教学方法，努力提高教学效率。

要想把握好课堂教学，提高教学质量，就要求我们教师必须钻研教材，探求更多的教学方法，以实现预期制定的教学目标，完成教学任务。

学生是课堂的主体，教师起主导作用。在课堂上要选择合适的教学方法，比如，演示法、讨论法、小组合作交流等多种教学方法相结合。在教学中恰当地运用教学方法不仅可以提高教学质量，同时还能增强学生学习的乐趣。

教学之路是漫长而久远的，必须不断学习，开拓进取，努力钻研，不断丰富自己的文化底蕴。对我们老师来说，只有加强学习，努力提升自己的专业修养，才能在工作中立于不败之地。

3. 理解师生定位新概念

新课程理念下教师是学生学习的促进者，教师是教育教学的研究者，教师是课程的开发者和建设者，教师是学生心灵的天使。这要求我们教师在实际的教学工作中，必须理解师生定位新概念。

在新课程中，教师的角色发生很大的改变，由传统的知识传授者向学生学习的促进者转变，由学生学习活动的管理者向学生发展的引导者转变，由居高临下向师生互动、建立平等的师生关系转变。

新课程改变了过去教科书一统天下的局面。课堂上的知识将由三方面组成：教科书及教学参考书提供的知识、教师个人的知识、师生互动产生的新知识。因此，教师不再只是传授知识，教师个人的知识也将被激活，师生互动产生的新知识的比重将大大增加，教师长期以来高高在上“传道、授业、解惑”的地位也发生相应的变化。尤其是在网络教学被充分运用的今天，教师对知识的垄断局面将随之被打破，而促进、引导学生发展的角色作用将日趋增加。在新课程中，教学过程是师生共同开发课程、丰富课程的过程，是师生互教互学、合作学习、探究学习的过程，是帮助学生制定适当的学习目标、确认和协调达到目标的最佳途径的过程，是指导学生形成良好学习习惯、掌握学习策略、提高学习效率的过程，是创设教学环境、激发学生学习动机、培养学生学习兴趣的过程，绝不是放任自流、乱哄哄的课堂教学效果所能实现的目标。

总之，在新课程中，教师是学生学习的合作者、引导者和参与者，教学过程是师生交往、共同发展的互动过程。教师必须集中更多的时间和精力从事那些有效果和有创造性的活动，由传授者转化为促进者，由管理者转化为引导者，而不是旁观者和叫好者，要极力构建和谐的、民主的、平等的、高效的师生关系。为此，要做到以下几点：

第一，建立轻松、和谐的教学氛围。

良好的师生关系是教学成功的关键因素之一。因此在教学中，教师要积极参与学生的学习过程，创设宽松、和谐的学习气氛，为学生提供生动活泼、主动发展的学习空间，以培养他们的主体意识、自学能力和创新精神。

新课程在观念上充分凸显了“以人为本”素质教育的思想，是把“为了每个学生的发展”“让每一个学生个性获得充分发展”的价值观视为根本的，这是当前十分重要的课程理念，也是课程设计和课堂设计的根本落脚点。教育要培养健康的、全面发展的人，教育方法应遵循人自身的发展规律。人人都有对自由的向往之情，学生更是不愿受太多的束缚，而作为成人的教师有时却偏偏要以一套一套的清规戒律来束缚这些本来生龙活虎的孩子们。曾经是健康活泼、创造性十足的孩子，在接受了十几年的传统教育之后，却变得老气横秋，缺乏创造力，这是否是我们教育工作的悲哀？知识增加了，锐气活力却没有了……总的来说，传统的教育缺乏人文关怀，忽视了对学生个性的关注。因此我们要对学生的身份和地位重新定位，教学需要约束，但绝不是对心灵自由的约束。

学生是学习的主人。教学中应激发学生的学习兴趣，注重培养学生自主学习的意识和习惯，为学生创设良好的自主学习情境，尊重学生的个体差异，鼓励学生选择适合自己的学习方式。而且，学生生理、心理以及能力的发展具有阶段性特征，不同内容的教学也有各自的规律。

例如，语文课程标准要求根据不同学段学生的特点和不同的教学内容，采取适合的教学策略。强调语文学习是个性化行为，尊重学生的个体差异和个性化学习方式。对语文教育规律的把握突出体现在重视积累和对文章的总体感知，淡化分析性操作，不要求学生背诵段落大意和中心思想，加强对诵读、积累、感悟、熏陶的要求，避免烦琐的分析和机械重复的练习。这些要求都切中时弊，体现了全新的语文教育观和价值观。

有位教师为了体现自主学习的新理念，模仿特级教师支玉恒的教法教学《只有一个地球》。学生初读课文后，教师问学生："此时你心中有什么滋味？是不是觉得酸酸的、甜甜的、苦苦的？"结果，学生一会儿说酸，一会儿说甜，一会儿说苦，杂乱无序。学生说到哪儿，教师跟到哪儿，对教学无组织，对学生不引导，使听课的学生和教师如坠五里雾中。这不是真正意义上的自主学习，也无法体现学生和教师在课堂教学中各自地位的内涵，教师既不能牵着学生鼻子走，也不能被学生牵着鼻子走。尊重，不等于迁就；提倡自主，不等于百依百顺；群言堂不等于乱言堂。教师应是学生的领队，需要"引导"就到队前，需要"穿针引线"就插到队中，要担当好促进者、引导者、参与者的角色。也就是说，当学生遇到疑难时，教师要引导他们去想；当学生的思路狭窄时，教师要启发他们拓宽；当学生迷途时，教师要把他们引上正路；当学生无路可走时，教师要引导他们铺路架桥；当学生"山重水复疑无路"时，教师要引导他们步入"柳暗花明又一村"的佳境。

第二，树立新理念、确立新角色

我们都知道，任何改革首先必须是思想观念的转变。因此，在实施素质教育的过程中，教师必须具有全新的理念、良好的素质和改革的精神，这就要求教师必须不断地"加油""充电"，提高自身理论知识和教学艺术，使新的教学理念不断渗入我们的教学活动中。着重培养学生素质的新模式。在新的教学模式中，学生不再被动地接受知识，而是饶有兴趣地按照自己的需要进行他们的观赏、调查、讲述、写作等，并乐此不疲。教师的角色也相应地发生了变化，由凌驾于受教育者之上的"灌输者""管束者"转变为学习主体发展的良师益友、合作伙伴。密切了师生的关系，为工作的进一步开展打下了良好的基础。

针对新课程标准对教学双方重新定位的新内涵，结合学科教学的性质和任务，教学过程也应该做好相应的调整与重新构建。回顾传统教学过程的构建，通常是教师依赖个人经验，凭主观意向做出教学决策，很少考虑到学生的一面，教学质量难以控制。有的教师在设计教学时比较注重教学内容和教法，而忽略学习方法的指导和师生间的互动作用。为此，必须对传统教学过程的构建进行改革，要以新课程改革的思想为指引，真正把学生放在首位，体现“以人为本”，实现师生高效互动，以优化教学过程。在具体的教学活动中，这种新的理念主要体现在以下四个方面：

①教师是学生学习的合作者、引导者、参考者。

②学生是课程学习的主体。

③学习是学生通过反思性、创造性实践而建构人生意义的活动。

④学习活动方式以理解、体验、反思、探究和创造为根本。

总之，建立新型的师生关系，在现代的教学中，将有助于师生之间的情感和理念的交流。知识资源能力简洁的共享，有助于丰富教学内容，求得新的发展。真正实现教学相长，促进学生全面发展，教出来的学生才能适应社会主义现代化建设的需要，整个民族的素质才能得到真正的提高。

媒体开放了，社会多元了，我们现在所教的学生不比从前了。这就要求我们教师在实际的教育教学的工作中，必须采用新的教育理念与新的教育策略。只有这样，才能适应现在这个新形势，明确新任务；形成新思路，采取新举措。

4. 掌握课堂教学设计的秘密

教学设计是教师在创造性地思考、深入钻研教材基础上，根据不同学生的特点，创造性地设计教学实施方案，为成功教学绘制蓝图的过程。这也是教师发挥创造才能的过程。完整的课堂教学设计包括教学目标和内容的设计、教学起点的设计、教学方法和教学媒体选用设计、教学评价设计、课堂教学结构设计等。

那么，教学设计的秘密究竟在哪里？怎样掌握课堂教学设计的秘密？

课堂教学设计是教师教学环节的关键一环，要真正把新课程的教学理念转化为实践。教学设计直接体现教师的教学理念和这种理念转化为具体教学实践的能力。可以说课堂教学设计的成功与否直接决定了这堂课的教学效果，很大程度上决定了新课程的理念能否付诸实施。

教学设计应以学生为中心，从学生的实际出发，强调学生的自主学习、自我构建知识。树立以“学生发展为本”的教学目的观。

掌握课堂教学设计的秘密，主要把握以下几点：

第一，解读教材、分析教材。

解读教材就是要吃透教材，要寻找教学的重点和难点；寻找和识别适合学生认知规律的教材因素。在此基础上选择、组织需要讲授的内容。

解读并分析教材还要注意研究教材的学科学习方法。因为在教学过程中传授必要的学科学习方法是非常重要的。例如，物理学的研究方法：从问题的提出，到假设(猜想)，再到提出模型，确定研究对象，通过实验或实例使学生形成初步映象，再进行抽象概括，形成概念、规律、方法等，有其自身特殊的内在规律，而教学设计应当把握和遵循这一规律。

通过解读和分析教材，确定有效的教学目标。课堂教学目标的作用在于：导向—外显；启动—沟通；凝聚—合作。一个有效的教学目标可以有助于教学内容的组织、材料的选择、教学方法的调适、教学手段的优化，从而减少教学过程中的盲目性和随意性。

第二，了解学生、关注学生。

学生既是学习的主体，又是自主发展的主体。教师要充分尊重学生的主体性和差异性，根据学生已有水平来设计教学。教师还要全面了解学生心理发展的一般特点，以学生的特点为依据，来选择相应的教学方法和教学媒体，安排不同的课堂教学结构，营造适合于学生“内在条件”的“外部环境”；通过测验、谈话等方式来关注学生的知识准备状况，从而确定新的教学起点。总之，课堂教学设计要贴近学生的学习特点、思维特征和能力水平，教师要悉心观察、关注学生活动，不断研究怎样才能使学生的学习进入最佳状态。

第三，教学方法的设计和教学媒体的选择。

设计教学方法应以教学目标为导向，把握主体性原则、开放性原则以及知识与情感并重的原则。根据学生已有的学习经验和个性智力差异及能力发展水平，选择适宜的教学方法，以学生发展为本。而教师，则应扬其所长，发挥自身优势，主动积极地适应学生的发展。教学方法的设计既要设计教的方法，又要设计学的方法，两者有机结合，层层推进，一方面不断学习、研究教的方法，另一方面重视对学生学法的指导和调控。

新课改特别强调变单向灌输的教学方式为情境建构的教学方式。首先，设计问题情境。在研究学生学习心理过程的基础上，创设多种形式的教学情境，引导学生充分参与，以此获得个体生命的体验，在体验基础上获得个体的发展。其次，设计协作情境。学习，是社会性的活动，是师生的交往互动。设计协作情境，是促进学生有效学习的基本途径。

教学媒体的选择要以当时当地的实际教学设施为基础，并考虑充分利用自然资源和社区资源，让学生走出校园、走进社会。随着学校教学条件的普遍改善，教师在教学过程中涉及的教学媒体越来越丰富，而且越来越先进。为学生的学习和实践创造更为丰富的物质条件，并重视多媒体技术在教学中的应用，给学生提供广泛参与的机会，使教学媒体实实在在地服务于教和学，是教学媒体选择应把握的原则。

第四，教学设计要富于创新。

教师在进行教学设计时要敢于创新，大胆设计。要根据新课改的理论和教学设计理论，对不同的课型进行设计，要勇于打破传统课堂教学的模式，不断探索。教学设计不是写教案，是以一定的教学思想、教学观念、教学理论为指导，以分析教学需求为基础，以确立解决教学问题的步骤为目的，对教学的系统规划及其教学方法的设计。教学设计，就是要在教学之前，做出如何最有效地向学生传播基础知识、培养基本能力、指导学生学会学习的正确方法、养成学生良好的情感态度价值观，并从一节课中有所收获的整体设计。

教学过程中不能拘泥于教学设计，被教学设计束缚了手脚，一切应以学生为重，以教促学，应学生动而动、应情境变而变，对课堂教学各种变化进行综合把握，及时做出正确的判断，采取有效的措施。我们对学生提出探究学习要求，同时对教师也提出了更高的要求，这也同样要求教师应像指挥员认真准备一个个战役一样认真准备好每一节课的教学设计。教师撰写的教学设计是非常重要的，教师的教学设计必须为学生学习服务，要求学生进行探究学习，教师必须准备好指导学生探究学习的教学设计。教师在教学设计过程中，要着力注重结合历史学科的特点提出有效的策略和具体的评价手段，引导学生走向探究性学习过程，从而促进学生和谐发展。新课程标准下的教学设计的撰写，涉及诸多方面的问题。每位教师每节课的教学设计不可能也不应该完全一样，无论在内容、教法、形式上都不会千篇一律。在撰写教学设计方面，应提倡百花齐放，不拘一格。教师只有参与到学生的探究性学习活动中去，与学生一起学习、探索，在实践中不断改进，才能形成具有可行性的教学设计，才能正确引导学生进行探究性学习。

知识经济呼唤创新人才，素质教育的最高目标是培养创新人才。教学中，教师要有培养创新人才“舍我其谁”的责任感和气魄，学生也要有“敢为天下先”的自信和勇气。心理学家吉尔福特根据研究得出，创造性人格有如下特征：有高度的独立性和自觉性；有旺盛的求知欲；有对事物深究的强烈动机；善于观察，知识面广；工作追求准确与严格；有丰富的想象力；富有幽默感；意志品质出众，能长时间专注于感兴趣的问题之中。可见创造性不是可望而不可即的，是可以培养的。教学中首先要立足个性差异，培养求异思维；切忌求同过多，遏制学生的独特性、创造性。其次要灵活运用教材，积极诱导启发。重视设疑、启疑，因为没有提问，就没有回答；而一个好的提问比一个好的回答更有价值。再次要创设宽松环境，鼓励创新精神。创造学研究表明：荒唐和越轨往往是创造性的萌芽阶段。青少年独特的心理特点，决定了他们天真直率、敢想敢说，乐于独辟蹊径，却容易挂一漏万，缺乏严谨。教师要细心呵护这些宝贵的创新性表现，因为学生脆弱的自尊心会使它稍纵即逝。另外，教师要掌握新课程科学的评价标准，不据统一标准判成绩，不唯分数多少论高低。创造性如种子，它需要一定的环境，即良好的土壤、适宜的气候、科学的灌溉、合理的施肥、精心的培养；只有这样，它才能生根、发芽、开花、结果。

对我们教师来说，进行教学设计的时候，除了考虑教学目标的确定、教学内容和方法的设计等之外，还要考虑如何在有限的教学时间内使得各个教学环节和整个系统有机地、和谐地运作。让我们多问自己几句：这样的设计可行吗？还有更恰当、更合适的设计吗？这样的设计究竟有利于教师的教，还是有利于学生的学？这样的设计可能会出现什么问题？若出现了，该如何处理？这样深入地思考，精心地准备，潜心地钻研，我们的课堂教学设计理想才能成为教学实施后的现实。

5. 把握课堂教学技能的变化

把握教学技能的变化，是增强教师教学实践能力的前提和基础。那么，在实际工作中，如何把握教学技能的变化呢？

把握教学技能的变化，主要从三方面入手：

第一，把握教学语言性布白变化。

教学语言技能是教师传递信息、提供指导的语言行为方式，它是一切教学活动(如传授知识和技能，培养能力和方法，表达思想感情，激发学习情绪等)的最基本的行为方式。

■口头(有声)语言性布白

教师在教学中注意利用语言的停顿，讲究语言的变化和节奏。“停顿”这种语言变化方式所造成的暂时性的语言“空白”能给学生以咀嚼、回味已讲授的内容，便于学生理解、掌握教学内容，也便于进一步“教”和“学”的顺利进行。

■ 体态(无声)语言性布白

教师为了表达某种用语言难以表达的情境，或让学生想象用语言难以描述的情境时，创造性地运用无声的体态语有目的地进行教学，可以得到“此时无声胜有声”的效果。

课堂教学运用体态语可强化口头语言的表述。因此，应该重视体态语的使用，使其与口语配合、互补、相得益彰。运用体态语主要有以下几方面：

★ 课堂手势语。以手势助说话，把学生带入“角色”，对组织教学和增加教学效果十分重要，教学手势的设计根据教学内容展开。教学常用手势一般分为四种：

(1) 指示性手势。教师在展示图片和指挥学生活动时常用。

⑵暗示性手势。在学生回答困难时启发学生思维时常用。

⑶情感类手势。指教师在讲解内容时配合情感而做出的手势。

⑷象形性手势。用来描述人物、形和貌。

教师做出某种手势的目的要明确，不要带有随意性，手势的变化不能过碎、过多，要适度、适当，自然大方会给人以美感；反之，生硬做作的手势，如挠头皮、抠鼻子、敲桌子等不仅不给人以美感，还会分散学生的注意力，影响教学效果。

★课堂眉目语。教师要讲究课堂眉目语的设计，第一是课堂目光分配，第二是目光的运用。

眼睛是心灵的窗户，它随时可用于人与人之间的感情交流，并可用来表达多种感情，人的喜、怒、哀、乐均能从眼神的变化中表现出来。因此，教师在课堂上应充分利用目光的变化与学生增加感情上的交流。

教师的目光变化时要自然、亲和，使学生感受到教师对自己的爱护和尊重。在讲课时，教师不能总盯着天花板、灯管，要始终把全体学生置于自己的视野中，使每个学生都感到老师在注意自己，以提高他们的听课效果。面对学生的时候，教师要始终保持目光明亮，神采奕奕，切忌暗淡无光，昏昏欲睡。视角变化速度不宜过快，以免学生觉得老师心不在焉。教师目光变化运用得好，会给学生留下深刻的甚至终身难忘的印象。

★课堂表情。课堂表情一要根据教学内容变化做相应的变换；二要根据学生的心理变化做相应的处理。感情是打开学生智力渠道闸门的钥匙。这一点已被现代心理学家所证明。课堂上师生之间的情感交流是形成和谐教学气氛的主要因素。要做到课堂上师生之间成功的情感交流，教师要善于运用自己的面部表情传递信息、表达情感并使表情的变化适应课堂变化的需要。

课堂教学内容丰富多彩，教师的表情要随教学内容的变化而变化，带有感情色彩渲染的讲解会使课堂生动、感人、充满吸引力。

教师表情的变化要自然，不要做作，要适度，不要过分夸张，更不要板着面孔，毫无生机，眉头紧锁，以一副痛苦的表情面对学生。

■书面(板书)语言性布白

教师根据教学的需要，对板书的内容进行艺术处理，不做一览无余的交代，注意给学生留下思考和想象的余地，使有的内容在板书中体现出来，有的内容通过省略号或丢空的方法隐去，形成板面上的“空白”，让学生自己凭借教师的讲述和对内容的掌握去领会、思考、联想。这不仅可以节省教学时间，突出教学重点，而且对调动学生思考的积极性，提高学生的思考能力，都大有裨益。

第二，注重信息化技术与学科整合。

伴随着新技术的发展和运用，在新教材的使用中，不少教师，特别是年轻的教师突破了“一支粉笔、一本书”的传统教学手段，大胆地在课堂教学中运用多媒体技术。众所周知，多媒体技术集图文、声像于一体。多媒体因其具有集成性和交互性而使它在课堂教学中的运用前景十分广阔，为优化课堂教学效果，创造生动活泼的课堂教学氛围，提高学生学习的兴趣和积极性创造了很好的条件。

首先，多媒体技术为课堂上提供了直观、形象的教学手段，为课堂教学创造了更富有表现力、真实感更强的课堂教学环境。对教学而言，它可以使所描绘的内容变成形声结合的画面或动画，达到创设教学情境、渲染课堂教学气氛的目的，从而能迅速地引起学习者兴趣，激发学生的学习积极性。学习最好的刺激是对所学教材产生兴趣。

其次，教师通过课前的精心准备，经过选择和裁剪，利用计算机的存储、加工、编辑、变换、查询、检索、制图制表、文字处理等各种手段，加大课堂教学的密度和容量，突破课堂的时空限制。计算机在课堂教学的运用上为教师利用光盘资源和网络资源开辟了广阔的前景。即使是单调的训练内容也可做多媒体课件，以游戏形式出现，配以音乐和动画，使学习者能保持很高的学习兴趣，寓教于乐。

第三，掌握师生交流方式与方法。

在课堂上，教师、学生、教学内容三者之间存在着相互作用的关系。在课堂上，要注意变化与学生相互作用的方式和学生学习的方式。

(1) 在课堂教学中，教师应根据课堂教学内容、特点，运用讲解、观察、谈话、提问等组合，开展自主、合作和探究等学习活动。采取多种方式与学生交流，了解学习中的问题，以获得全面的教学信息反馈。

(2)学生活动安排的变化。例如，看书、朗读、练习、讨论、读图等不断交替变化，激励学生参与，激发学生学习兴趣。

温馨提示：技能变化应注意的问题：

① 运用技能变化时要针对学生能力、兴趣、教学内容和任务的特点。

② 技能变化之间，与其他技能之间联系要流畅。

③ 运用技能变化要有分寸，要自然，不要夸张。不能使用过多，幅度太大，以免喧宾夺主，影响教学效果。

对我们教师来说，实施高效率教学必须学会把握课堂教学技能的变化。

6. 努力探寻成功的教学策略

策略是方法，是手段，是科学，更是智慧，是学术，是艺术。时代在前进，学生在变化，我们教育教学的策略也要随之变化。

对我们教师来说，怎样才能探寻到成功的教学策略呢？

第一，教学设计要符合学生实际。

以学生为本的课堂教学，主要活动形式是让学生从个人实际需要出发展开学习活动。因此，学生的学习基础、学习兴趣及学习能力是教师设计教学的出发点。从这个角度说，所谓备课，实际上就是备学生，就是了解学生的实际情况；所谓教学设计，就是为不同的学生，起码是为不同类型的学生，设计出符合他们需要的学习计划、学习方式与学习进度。

随着学生年龄的增长，年级的升高，学生间的差异会显著增大，进度统一、任务相同的课堂必然会让位于类似复式教学的课堂。不同组别的学生学习不同的内容，完成不同的作业，采取不同的教学方式，或许将成为课堂教学的常态；而统一的讲解、答疑、点拨、指导，只能是学生自主学习、讨论的必要补充，是应学生的实际要求而安排的活动。当然，在统一的学习安排更多地被因人施教所代替，在学生间、师生间的交流讨论与互动共生成为课堂的常态时，一定意义的统一安排还有存在的必要。因此，在强调教学从统一走向多样时，还要认识到这种变化会有一个过程，认识到学生掌握自主学习方式也应经过培养。但教师应逐渐减少教学中的统一要求，逐渐为学生自主学习提供更多的机会，并在学生自主学习的过程中加强指导、帮助，从而在统一计划与自主学习的结合中实现学生有差异的主动发展，并使学生学会自主学习的方式、方法。

在设计教学时，减少统一讲解，增加学生自主探究，增强学生的分组活动。如讨论、观察、设计与制作，等等。还要注意区别对待，注意不要把统一听讲变成统一操练，也不要要求所有学生都在同样时间内达到同样的认识，接受同样的结论。要实现每一位学生的有效学习，进行有针对性的教学，即使不能做到完全因人施教，至少也应该准备两三种针对不同群体的教学安排，让那些没有上课已能完成作业的学生或上了课都完全听不懂、看不明白新内容的学生也有事可做，也能在课堂上学到新东西。越是高年级，越不应追求过度统一的进度，越应该主动考虑不同水平与不同追求的学生会有不同的知识与能力结构。当然，在存在统一考试的条件下，学生的这种多样化发展是受到一定程度限制的。教师不必去增添对他们的限制，而应更多地关注差异性发展。

第二，教学过程要符合教学行为。

优化课堂教学过程策略，主要是指教学设计在课堂内外的一系列的过程行为，针对教学必须遵循的规律，我们通常把实施的过程主要分为教学行为、辅助教学行为与课堂管理行为三类。

基础教育的课堂设置是多样的，而某一学科的课堂教学行为是一个非常复杂的综合体，有其自身的学科特点。文科、理科框架体系的不同，艺术学科的独特性，都通过不同的知识点展示了学科的魅力。一节《繁星春水》语文课深切感动了前来听课的教师。执教的教师紧紧抓住课的教学行为，充分发挥了多媒体的辅助作用，让教师和学生共同进入冰心老人的诗歌语言世界，共同体会其诗歌带来的情、景之美。在教学过程中，教师对作品的深刻理解，动人的情感，自始自终充满在教学行为中，感染了学生，教育了学生，激发了学生。学生对作品的认识不断深化，情感上升，不仅体会到冰心老人诗歌的优美、高尚的文学境界，更重要的是通过作品得到了心灵上的净化，情感上的陶冶，审美上的享受，学生学的行为达到了教师预设的教学目标。教师在教学过程中，通过具体的行为，结合学科的特点，在实施过程中做好相应的准备，比如，教学地点、教学材料工具、教学的媒体、教学的课件、教学的组织形式等，并在教学过程中有针对性地讲授、示范、引导、训练、激励、评价。行为为目标服务，行为也对优化课堂教学起到积极的作用，不同的行为产生不同的过程效果。为此，我们要做好以下三方面的工作：

首先，要把握教与学过程之间的层次性。

教学活动包含教的活动过程和学的活动过程。

教学的一个基本特点是：教学是有教的学。“教”是为学而教，“学”是教之下的学。教师教学主导作用的根本是指导学生的学。其功效在于，第一，帮助学生不断地实现认知过程的两个转变，即从不知到知，从不能到能，从而实现认知过程的飞跃：从感性认识到理性认识再指导实践。第二，帮助学生掌握科学的学习方法，感受人文、科学精神。教与学作为两种活动同时存在于教学过程之中，但它们不是并列的两个方面。在教学系统中，就其层次关系来说，“教”是上层次，“学”是下层次。“学”受到教的控制，“教”受到学的制约。

在教与学的两个活动中，作为教的活动主体——教师总是站在比学的活动主体——学生高的层次上俯看学生的学、分析学生的学、引导学生的学，自觉地、主动地把学生的学纳入教的影响范围之内。

教学目标是基于教(高层次)对学(低层次)实行有效的控制而实现的。

教对学施加有效的影响，正是教的目的，而学对教的影响或者说学对教的制约，并非学的目的。也就是说：教师必须对学生的成长施加影响，而学生对教师的影响和制约会促进教师更好地影响学生的成长。

其次，要把握教与学过程之间的统一性。

在教学过程中，教与学的关系是一个统一的整体关系。那么，教与学的统一是统一于教还是统一于学？于漪说：“教学过程从程序上讲就是教师有意识地使学生生疑、质疑、解疑，再生疑、再质疑、再解疑……的过程。在这个循环往复、步步推进的过程中，学生掌握了知识，获得了能力、学会了方法。”在这里，“教师有意识地使……”是对“教”的高度概括，“学生生疑、质疑、解疑”是“学”的过程的体现。因此，教与学关系的统一性就是学的过程统一于教的过程之中。

教与学的统一是过程的统一，而并非活动本身的统一。作为活动的教与学各自有自己的主体。它们之间只能协调而无法统一。这也正是教与学的层次性在教学过程中的反映。学的过程只需也必须由教组织、引导、帮助而不能由教去代替，而教的过程，必须实现有目的、有意识地使学生生疑、质疑、解疑，再生疑、再质疑、再解疑……的过程，而不能听之任之，我行我素，远离学。

教与学过程的统一，强调的是教对学的预测性、指导性和帮助性，其特点是思路同步、感情共鸣、思维互动、教与学和谐共同发展。

最后，要把握教与学过程统一的链接点。

在学校教育中，教与学过程统一的链接点是课堂。课堂是师生情感交流的一方平台，是师生思维互动的一个过程，是师生生命成长的一段经历。在课堂上教师所用的教的方式，是“有意识使学生生疑、质疑、解疑……”的手段。而学生能否生疑、质疑、解疑是在教师俯看下即时反馈的，从而使教师能够即时分析、恰当引导、启发，从而达到教的目的。

成功的教学策略是名师成功的根本所在。对我们教师来说，要实施高效率教学就必须努力探寻成功的教学策略。

第三章　他山之石，可以攻玉

第一节　走进名校，感悟高效率教学的课堂教学模式

每个学校的实际情况不同，所以，学习名校的经验，不可生搬硬套。要根据自己的实际情况，对别人的方法和经验，有所取舍，有所发挥，有所创新。就像蜜蜂采百花酿蜜一样，要善于吸取百家之所长形成自己独特的风格。

1. 走近窦桂梅和她的清华附小

“窦桂梅”这个名字，如今在语文界是无人不知，无人不晓。她是北京清华大学附属小学的校长，中学高级教师，语文特级教师、“全国师德标兵”、“全国十杰教师”。

有很多老师都听过窦桂梅老师的讲座，她讲的内容很多，有她的成长经历，有她的教育教学，有她的人生感悟，有她的管理经验。让我们一同走进窦桂梅和她的清华附小。

来过清华附小的人都知道：清华附小的前身为始建于1915年的成志学校，是专为清华早期教职员子弟而设。诺贝尔奖获得者杨振宁博士，著名物理学家、“两弹元勋”邓稼先都曾在成志学校学习过。冯友兰、朱自清等著名教授都曾先后担任成志学校董事会成员，抗战爆发后，大学南迁，小学暂时解散，直到1952年正式命名为清华附小。

目前清华附小校舍由7座主体建筑组成，是一座树木繁茂、鸟语花香、宜居宜学的园林式建筑。青砖灰瓦、朴素优雅，彰显出宁静美丽、富于书卷气息的浓郁文化氛围，曾获五项国内外优秀设计奖、被收入中国建筑艺术年鉴。

1996年开始启动《面向21世纪“一条龙”整体改革的研究与实验》，2008年7月《清华大学中学小学“一条龙”英语小学阶段教学研究与实践》获得北京市第五届教育科学研究优秀成果三等奖、清华大学教学成果一等奖。

2005年清华大学附属小学被评为“北京市基础教育科学研究先进学校”。

2006年7月参与全国教育科学“十五”规划重点课题《新教育理论的实践及推广研究》，被评为试验先进学校。

2007年清华附小的《小学英语实验教科书》和《窦桂梅与主题教学》获得海淀区“十五”优秀教育教学研究成果一等奖。

2008年7月，北京市第五届教育科学研究《窦桂梅与主题教学》获得优秀成果奖基础教育专项奖。

2009年9月清华少儿数学教材成果荣获2009年北京市教学成果奖(基础教育)一等奖。

2009年9月语文主题作文的实践研究(教材)成果荣获北京市教学成果奖(基础教育)二等奖。

2009年清华附小获得海淀区“落实督导评价，促进自主发展优秀学校”称号。

2010年12月《清华附小小学英语教学研究与实践》获全国基础教育课程改革教学研究成果三等奖。

2011年6月荣获“北京市中小学先进基层党组织”称号。

2011年11月清华附小少年民族吹打乐团被授“北京市学生金帆艺术团”的称号。

2011年11月《清华附小小学语文质量目标手册》荣获北京市课程教材改革一等奖，是北京市唯一一所获此殊荣的小学。

窦桂梅和她的清华附小能够取得如此大的成绩，主要得益于清华附小多年来的目标化管理经验。

听过窦桂梅讲座的人都会对清华附小的目标化管理有所了解。清华附小的目标化管理主要涉及以下几个方面：

■ 关于师生基本素质的目标要求

每个人的能力是有差异的，一个学校不可能每个人都那么优秀，于是清华附小就对每位老师学生提出了最基本的要求，即“五个一”基本功：一口普通话，一手好板书，一副好口才，一笔好文章，一套好方法。当然，这里为了大家便于操作，还有更细化的要求，如一手好板书，就要求书写的字要正确、规范、美观；一副好口才要求懂得倾听，善于表达，灵活应对；一笔好文章要求教师能自主完成2000字以上的读书笔记或教育叙事；一套好方法是指每个教师在教育教学中有着属于自己独特的方式和方法。

■ 关于教学质量的目标要求

针对大部分老师在平时的教学中不研究课标，不钻研教材，照本宣科，清华附小就组织精干教师花了七年的时间，针对各年级各学科编写了一套知识达标手册，课堂上老师只要把这些知识教给学生就行了。最后的检测也就考这些内容，这样(按窦老师讲)再差的老师，再差的学生也能掌握最基本的知识。真正达到了幸福了学生，成就了老师的效果。

■ 关于德育的目标要求

学校教育，德育为先，清华附小的老师们深知其利害关系，但他们面对的又是一群几岁的孩子，怎么办呢？于是窦老师和她的同事们就把同学们平时日常生活中的衣、食、住、行、站立、起坐，课内课外等诸方面都制定了详细的目标要求，为了便于学生的记忆，有的还编成儿歌的形式，让学生在快乐的诵记中不断矫正自己的言行。如拿笔方法：食指拇指捏着，三指四指托着，小指在后藏着，笔尖向前斜着，笔杆向后躺着。再如坐姿要求：胸离桌子一拳远，眼离课本一尺远，手离笔尖一寸远。

■ 关于教研的目标要求

为了使学校的教研更有针对性、实效性，附小对学校的教研工作也做了具体的要求。仅以说课为例，他们就规定了“五大环节”“十个步骤”和“三点注意”。

五大环节是：

第一个环节：教材分析要“透”；

第二个环节：学情定位要“准”；

第三个环节：目标阐述要“清”；

第四个环节：设计流程要“简”；

第五个环节：教学设计要“新”。

十个步骤是：

第一步：指导思想(课标)；

第二步：教材分析；

第三步：学情分析；

第四步：教学目标；

第五步：教学重难点；

第六步：教学思路；

第七步：教学资源(多媒体等)；

第八步：板书设计；

第九步：学习效果评价设计；

第十步：与以往不同。

三点注意是：

第一点：口才

一节课上得怎么样，关键在于老师的表达。要求老师语言要生动，声音要自然，语速要适度，感觉要兴奋，手势要大气。

第二点：自信

自信，自信是完成说课的前提。

第三点：细节

细节决定成败，说课要注意把握好细节，如时间的控制，多媒体的适度运用等。

综上所述，有了这些细致的要求，细化的目标，有谁还能说写不好说课呢？

有人说，人生好比长跑，最累的是不知道终点的那种人，较累的是看不到终点的人，最轻松的长跑是终点线在目力可及的地方等你到达。这话说得太有道理了。当然，在目标设定上，我们要集中本校的优秀教师来研究，来确定，以使之科学、合理、实用，并符合我们的校情、班情和学情。

让我们所有的老师都能了解目标，认知目标，实现目标，这样他们在工作中就可以少点蛮干，多点方法，少点盲目，多点理性，就可以去享受幸福的教育人生。

因为可以到达，所以我们从容。

如果能够有机会走近窦桂梅和她的清华附小，你会感慨多多，收获多多。

2. 走近李志刚和他的即墨二十八中

2012年8月16日，北京市平谷区教育系统的相关领导、干部、教师在北师大附属平谷中学的体育馆里聆听了山东省青岛市即墨二十八中李志刚校长关于《和谐互助铸造高效课堂》的专题报告。此后，对李志刚校长和他的即墨二十八中有了一个大概的了解。

李志刚校长在谈到即墨二十八中的时候，这样说：

原全国人大副委员长彭珮云到我校视察时这样评价："42年始终坚持不懈学雷锋，将雷锋精神打造成即墨市的城市精神；探索推广的'和谐互助'教学策略，在青岛乃至课堂改革中树立了典范。"并欣然留下了"全面实施素质教育，培养德才兼备人才"的题词。

我校始建于1967年，现有74个教学班，占地198亩，全校多媒体教学网、闭路电视网等"七网并备"，实现了教育教学网络化和现代化，形成了"四区六楼十八苑"的校园文化格局。更是缔造出教育教学质量连续20年创全市最优，全市考入北大和清华学生中，有五分之四以上的学生初中阶段就读于我校的教育历史。先后荣获"青岛市教育改革十面红旗单位"等青岛市级荣誉140多项，"山东省素质教育名校"等省级荣誉40多项，"全国学雷锋活动先进集体"等国家级荣誉称号30多项。2005年，全国素质教育座谈会在青岛召开，我校被选为向周济部长直接汇报的唯一一所县级市初中学校。学生节目先后5次走进中央电视台，6个节目获全国一等奖，曾到新加坡、马来西亚等国访问演出。

学校小交警代表山东省进北京接受曹钢川上将的亲切接见。学生的科技作品，在国家、省市级大赛上获奖频频。原全国人大常委会副委员长彭珮云等20多位省部级以上领导先后来校视察，对我校给予了高度评价。《人民日报》《中国教育报》、中央电视台等媒体也报道过我校教学工作。

■“和谐互助”理念创新

《山东省普通中小学管理基本规范》中明确提出：“把健康还给孩子，把时间还给孩子，把能力还给孩子。”那么如何在不加班加点的前提下落实省市精神，实现减负增效呢？这就要求学校既要把课外时间还给学生，更要把课堂时间还给学生。因此，2004年我校提出打造“和谐教育”品牌，打造“高效课堂”，在这种背景下，我们诞生了“和谐互助”教学策略，即“和谐”指在竞争和合作中促进学生全面发展；“互助”指师友在相互启发帮助中提升自身素质；“和谐互助”就是“和而共谐，助而互进”。具体说：学生同桌两人为一个单元学习组，学习优秀的做“师像”，学习较弱的当“学友”，课堂上通过学生帮学生、学生教学生，一帮一，兵教兵，亦师亦友，最终实现师友互助双赢。我校“和谐互助”教学策略实施以来，课堂教学实现了从旧“双基”(基础知识、基本技能)走向“新双基”(为学生终生发展奠基、为学生适应未来生活奠基)的过渡。2007年，青岛市教育局专门在我校召开了创新教学理念现场会，全市中小学校长、各区市教育局长参加了会议，推广了我校的“和谐互助”高效课堂教学管理经验。

■“和谐德育”内涵创新

我校的校魂是“雷锋精神”，早在1993年，学校就被中共中央宣传部、国务院办公厅评为“全国学雷锋活动先进集体”。坚持不懈学雷锋42年，涌现的感人事迹多次在《人民日报》《中国教育报》等报刊报道。据2008年统计：共收到表扬信13000多封，锦旗60多面。现在学雷锋活动已经“课程化、系列化”，实施三年和谐推进计划，使学生从七年级到九年级，年年都有新要求新内容新主题，呈螺旋式递进上升。我校之所以研究并能很快推广出“和谐互助”教学策略，追本溯源，是“雷锋精神”重新建构了学生的价值观、教师的育人观、学校的发展观，雷锋精神所蕴含的爱心、责任心、互帮互助精神和意志已经内化为学生、老师和学校的内在品质，全校已形成互助教育的文化氛围。可以说，将雷锋精神渗透到课堂中所挖掘出的教学策略，是我校42年坚持学雷锋文化内涵长期积淀的结果。

■ **引发参观学习持久浪潮**

“和谐互助”在我校取得巨大成功引起了省内外广泛关注。2008年，青岛市初中课堂教学改革现场会在我校召开，青岛市7区5市及江苏、河北、上海等省内外教育局领导、专家和校长等600多人参加了会议。这次大会与会人数之多、规模之大、实效之高是青岛市近十年来第一次，也是青岛市新课程改革实施八年来第一次。青岛市教育局王金生副局长在大会上总结评价：“即墨二十八中课堂教学改革对全体与会者是个震撼，对青岛的教育改革方向是个启发，希望全市学校学习推广二十八中这一青岛地区龙头学校的创新理念、高效课堂。”2008年11月，我校在全国首届初中新课程课堂教学改革经验交流会做典型发言，教育部中学校长培训中心教授贺斌这样评价：“即墨二十八中这一新典型学校的‘和谐互助’教学策略给新课程课堂教学改革注入了新鲜血液，为城区、城市学校树立了学习的典型榜样。”随后学校又在2009年3月青岛“全国新课程背景下高效课堂经验交流会”、2009年4月沈阳“全国高效课堂经验交流会”等国家级会议上做为期半天的经验介绍，在全国引起了强烈反响。《中国教育报》《中国教师报》《现代教育报》等报刊也均做了专题报道。正是因为“和谐互助”教学策略简洁高效，易懂易学，让课堂焕发出生命的活力，所以引发了一场省内外学校纷纷到学校参观学习的持久浪潮，先后有来自北京、浙江等十几个省市的兄弟学校领导教师逾万人到学校参观学习。

■ **赢得领导专家高度评价**

教育部基础教育课程中心主任刘兼曾这样评价：“二十八中是一座金矿，只要你有心，就有挖不完的金子。”2009年5月，山东省教育厅领导和教研员到我校调研，认为这一教学策略“教得高效、学得高效、师友互助得高效，实现了和而共谐，助而互进”。5月，北京教育学院顿继安等教授一行20多人考察后说：“‘和谐互助’教学策略的简洁和高效性、可操作和可推广性是我们见到的任何教学策略所无法相比的。”现在我校的西篮球场上几乎每天都停满了车辆，校园里每天都有操着不同口音的参观学习者，课堂里每天都有带着敬佩和赞许目光的外来听课老师，他们都感慨万千。

青岛重点高中创新学校100多位老师参观后感慨：二十八中“和谐互助”对我们震撼太大了，这么完善的高效教学策略我们拿过来就可应用，难怪二十八中毕业的学生到了我们学校发展势头这么好。

山东省东营市垦利县教育局高局长说：“二十八中42年的学雷锋历史，让人服气；将雷锋精神内涵延伸到课堂的‘和谐互助’教学策略更是让人刮目相看，来到二十八中的最大收获是：看到了大写的素质教育，学到了最简洁高效的教学策略。”

江苏6地市来的专家和校长们评价：一步入二十八中，看了二十八中的学校管理和各种展厅，不由得从心里引发一种很大的震撼。但更大的震撼是第二次，是在课堂上。深刻体验到二十八中“和谐互助”教学策略的课堂魅力。

内蒙古科左旗30位校长们参观后感慨：我们带着怀疑“和谐互助”是否高效的疑惑而来，但看到这种策略容易操作，体系规则完整，师友互助高效，真希望与二十八中结成手拉手兄弟学校，将二十八中这一青岛地区龙头学校的新理念、新策略传播到科左旗。

浙江的专家和校长们评价：贵校先进的理念、务实的创新、高效的课堂、精细的管理、浓厚的文化、周到的服务，我们40位校长只能用“惊叹”来形容我们内心的感受，我们走了那么多学校，到了二十八中才真正看到了什么是真正的和谐教育。

《现代教育报》评价：步入二十八中，“大校大教育，大师大智慧”的气势令人震撼，四区六楼十八苑的独特校园文化格局令人惊叹，深入“和谐互助”课堂更是让人拍手叫绝。

《中国教师报》评价：二十八中对“和谐教育”品牌进行了有效探索和实践，用心经营“和谐德育”，用情实践“和谐互助”，其“和谐互助”教学策略真正实现了师生的和谐发展，创造了课堂的新奇迹，掀起了一场课堂的新风暴。

《中国教育报》评价：学生在课堂上实现了生命的狂欢，教师在课堂上实现了价值的浓缩，二十八中用“主体生命”诠释出传奇课堂，用“和谐互助”缔造出特色课堂，这块青岛地区的“金子”招牌以强劲的生命力一路欢歌，越走越美。

……

拜读李志刚校长写的《课堂风暴》之后，就对李志刚校长所讲的即墨二十八中“‘和谐互助’铸造高效课堂”有了进一步的了解。

■“和谐互助”引发课堂革命

一个典型引发一场革命。当学校唱响向“高效课堂”要质量的教学主旋律时，在“和谐互助”理念体系引导下，全校掀起了探索“高效课堂”的浪潮。

典型探索：我校首先探索“和谐互助”教学策略的是时红霞老师，她在教学中深感传统教学模式的弊端：教师即使鞠躬尽瘁，仍然达不到理想的目标。于是她大胆尝试让30个成绩优秀的学生也来当老师，负责教会30个学习较弱的学生，结果成绩普遍提高，差班也起死回生。她从七年级开始教的两个班的学生成绩平平常常，可到了八年级，学生成绩名列级部前两名。一入九年级，学校把一个数学成绩最差的班让她来教，结果中考时，该班数学成绩竟然在24个平行班中，一跃到了第6名，更可贵的是，时老师作业出奇的少，甚至没有书面作业。

校本教研：2005年当时红霞老师的成绩刚刚异军突起时，便有数学组教师自发前往听课，其他教师纷纷效仿，导致一段时间内，时红霞老师每节课都有很多老师听课，每个课间都有老师向时老师讨教秘方。数学教研组及时有针对性地对“时红霞现象”进行教研。他们先选择部分骨干教师进行实验，半年后数学学科“和谐互助”教学策略逐渐完善，并取得有效成果。

科研提炼：学校抓住有效时机，组织骨干教师全面深入数学课堂，对这个本土化的课堂进行总结推广，进一步在七年级所有学科实验。2006、2007、2008年寒暑假，先后利用一个月的时间组织全体干部、实验教师、教研组组长、备课组组长分学科进一步研究修订“和谐互助”教学策略。

专家引领：2007年学校专程请来青岛市教研室、教科室，青岛大学基础教育研究中心、山东省教科所、省教育学会等单位的专家学者一起深入课堂，从理论到实践反复研究论证，对这个本土化的课堂进行总结提炼，最终构建起了行之有效的“和谐互助”教学策略。

■ **“和谐互助”构建有效载体**

我校9门学科都建立起“和谐互助”教学模式，均以五步十环节教学模式为有效载体，均分三种课型：新授课、复习课、讲评课。课堂上完全颠覆了传统教学中老师讲、学生听的教学策略。而是通过学生帮学生，学生教学生，实现师友互助共赢。如数学新授课，师友分别进入“交流预习”“互助探究”“分层提高”“总结归纳”“巩固提高”五个步骤，教师实施起来可操作性强、实效性强。

■ **“和谐互助”形成操作方案**

“和谐互助”教学策略现已经形成完整的技巧和配套措施，从师友划分、明确责任、强化培训、动态管理；到建立系列规则，制定制度；再到打造师友文化，形成“和谐互助”教育场，最后到师友、课堂、教师和谐互助评价机制，等等。我校把看似简单的教学策略研究完善到今天，用事实证实了江苏高考大县如东县校长们参观学习后的深刻体会：简洁高效，来听一节感到惊奇震撼；易懂易会，来学一天就能娴熟应用。这就是即墨二十八中和谐互助神奇课堂的巨大魅力。

■ **“和谐互助”有效推进机制**

为全面推进和谐互助教学策略，我校建立并完善了一系列评价机制，有效保障“和谐互助”的发展步伐。修改了《“和谐互助”教学常规管理办法》《“和谐互助”课堂教学评价标准》，出台了《“和谐互助”班级考核制度》《“和谐互助”教师教学考核制度》，完善了《“和谐互助”备课组、教研组考核办法》《“和谐互助”班主任考核办法》《“和谐互助”协调组考核办法》等配套措施。

——摘自李志刚校长的报告

2012年9月，在平谷区教委领导的带领下走进即墨二十八中进行实地考察，就对李志刚校长和他的即墨二十八中有了更深的了解。特别是对即墨二十八中的“‘和谐互助’铸造高效课堂”有了更深的感悟。

■ **学生主体地位得到落实**

课堂上看到的不是教师满堂灌、口若悬河唱独角戏的现象；老师简单的几句话引导便引来学生热火朝天的学习，学生同位之间有讲的、有听的、有练的，偶尔还会有串位讨教的现象……正如教育部新课程教学专业组评价的那样："一半师父一半学友占据课堂的整个江山，师友同桌和谐互助30分钟，真正实现了生命的狂欢；教师只占15分钟的授课时间，点拨、总结、提升，真正实现了价值的浓缩。"首先是学友讲，如果学友遇到不会的问题，师父就负责把学友教会，如果师父也不会，先向其他师父请教，再教会自己的学友，如果师友们都不会，才由老师讲解。整堂课以学生自学互助为主，完全凸显了学生的主体性，使全体学生都有所提高。

■ 学生课堂有效学习时间延长

"和谐互助"教学模式把课内与课外、老师集体讲解和学生一对一讲解结合在一起，使集体教学与个体教学相融合，实现了点对面与点对点的结合，将老师的注意力针对课堂上的部分学生，用两个眼球关注约70个人，演变成了30多位师父的眼球关注另外30多位学友，老师的视野大大扩大了，极大地增加了课堂有效学习时间，提高了课堂效率。

■ 学生师友教学相长

师友结对，师友共荣共进，对于师父而言他们想教会学友，必须仔细熟练掌握教材才能给学友讲明白，而他们在给别人讲的过程中又是一种熟练的过程。师友实行动态管理，适时调整，这极大地调动了师友学习积极性和参与度，课堂上最大可能地减少了学习的旁观者，使课堂上没有了死角。

■ 学生素质得到提高

"与人玫瑰，手有余香"，"学生问学生、学生教学生、学生检查学生、学生引领学生"，师友在互助交流中学习、表达、思维、合作、交流能力等智力和非智力因素都有了明显的提高。互助的意义不仅是学习上的互助共赢，更重要的是个性的张扬互补和人格上的相互影响。互助中有利于提高学生的心理健康水平，促进学生的兴趣、意志等良好品质的培养。我校"和谐互助"教学策略也得到了家长们的普遍支持，因此在青岛市对学校满意率电话抽查中，对我校教育教学满意率达100%，2007年，我校被教育部评为"全国优秀家长学校"。

■ 更好地诱发了教师的创新能力

"享受教育，从创新开始。"这种教学策略也更好地诱发了教师的创新能力，在青岛市有一个“二十八中现象”：在外校教不好的教师，不出成绩的教师，到了二十八中就能教出优异成绩。这完全得益于“和谐互助”教学策略。要做到创新性的高效点拨、总结、提升、开展师友互助，这对教师的教学技能和专业化水平提出了更高的要求，尤其在多个互助环节，教师的应变能力、点拨总结能力等都得到了锻炼和提升。这种策略重视了学生的学，更强调了教师的“教”，教师的“教”，是“学”的依赖、“互助”的依赖。这好比一间大房子，哪怕它仅仅只有一根柱子，但离开了“教”这根柱子的支撑，“学”只能轰然倒塌。

■ **具有较强的原创性和可推广性。**

“只有民族的才是世界的。”我校的“和谐互助”教学模式是对传统教学模式的“改良”，教师在短时间内便可掌握，因此这种模式非常容易推广运用。青岛大学基础教育研究中心主任王有升教授、青岛市教研室全体教研员蹲点听课两周后一致认为：“这种师友式同伴互助学习的课堂教学策略，对青岛的教育改革方向是个启发，符合课程改革的理论要求，非常值得推广，希望全市学校学习推广二十八中这一青岛地区龙头学校的创新理念、高效课堂。”即墨市教育局孙红松局长也多次肯定了二十八中的“和谐互助”教学策略，希望全市学校学习推广这一高效课堂教学策略。

来到即墨二十八中，我们切身体会到：和谐互助是一种至高的课堂学习境界，也是一种感性和理性的课堂价值追求，这样的课堂真正实现了智育和德育并举的理想“高效课堂”。

3. 感悟洋思中学的课堂教学模式

“洋思中学”这个名字是在《中国教育报》上看到有关洋思中学的报道后知道的。“洋思中学的课堂教学模式”是在很多年前教委领导派我和其他领导一起到洋思中学进行实地考察时了解的。能够对洋思中学的课堂教学模式有所感悟，是因为在2009年11月受洋思中学秦培元校长的邀请和中国教育学会中育教育发展中心的黄埔老师以及常青老师到洋思中学进行的班主任培训。与洋思中学秦培元校长面对面，对洋思中学的发展历程有了进一步的了解。

洋思中学是“全国十所薄弱学校变为名校”的典型，是全国初中教育的一面旗帜，农村教育的一面旗帜，教育改革的一面旗帜，素质教育的一面旗帜，也是现代学校的一面旗帜。

洋思中学1980年创办之初，只有施教区6个村，2排平房，5个教学班，只有1名公办教师，4名民办教师，8名代课教师。教学设备几乎全无，课桌全是借的。当时的洋思中学，办学条件之差，师资力量之缺，生源质量之弱，足以说明洋思中学是一所不折不扣的农村薄弱初中。然而就是在这样“三流办学条件、三流师资队伍、三流生源质量”的情况下，洋思中学成功地创立了全新的教学模式，创出了一流的教学业绩，把洋思中学办成了一所全国闻名的学校，成为基础教育改革的一面旗帜。如今的洋思中学已今非昔比，他们从偏僻的农村走进了城市。现有教学班66个，学生3000多人。学校占地120亩，拥有崭新的教学楼、实验楼、综合楼等建筑，齐全的现代教学设施，高素质的教师队伍，办学条件已是一流。但是，洋思中学的学生生源质量却没有与办学条件同步提高；因为洋思中学办学体制是公办民助，学区内非收费生只占极小比例(5%)，绝大多数学生都是收费生，来自全国各地；可以想象，家长愿意出高价、花大价钱把学生送出家门，送到洋思中学求学，这样的学生一定是某些方面的“问题学生”，他们总结为：“没人要的孩子；没人管的孩子；没法管的孩子。”因此到现在，洋思所面临的生源质量仍然是二流、三流的。自1990年以来，洋思中学的入学率、巩固率、毕业率、合格率一直达100%，优秀率居泰兴市之首，被江苏省授予“先进集体”“德育先进学校”“模范学校”；截至目前，来自全国各地到该校学习、取经的教育工作者已达近百万人。

名校通常都有悠久的历史、丰厚的文化底蕴，但洋思中学却不同；洋思中学创造了一个办学的奇迹。洋思中学能够创造一个办学奇迹，主要得益于洋思中学的课堂教学模式。那么，洋思中学的课堂教学模式究竟是什么样的呢？

■ 关于对“先学后教、当堂训练”的认识

□ 先学：在课堂上，学生在教师未开讲之前紧紧围绕本课时学习目标，按照老师的自学指导所进行的自我实践、自我探究、自主学习。这种先学不

是要求学生堂堂课前预习，因为课前预习也有一些困难：如难以保证每位学生都能按要求做到、有时加重了学生的学习负担、无教师指导达不到相应的效果、流于形式等。而课堂中的“先学”，是在教师的指导下，学生围绕课时学习目标，让学生自己追求目标；把教师的教学目标转化为学生的学习目标。这种先学是有序的，非放羊式的；学生的自主学习也非自由学习，而是围绕学习目标进行独自学习、有针对性学习，学生带着思考题在规定的时间内自学指定内容，完成检测性练习。

□ 后教：在先学的基础上，师生就学生在先学中所存在的问题所进行的相互实践、相互探究、相互学习的互动过程。学在教之前，教在学之后。

课堂上教什么？以学定教：学生会的不教，学生不会的尽量让学生解决。在后教中，教师不凭自己的经验确定教什么，也不刻板地按照教案确定教的内容；因为，教案是经验的总结，它可能落后于课堂，而课堂是新的、动态的。教师教的内容应该完全依据学生在自学过后的情况来确定；注意学生是表面会还是实质会？是只会做题，还是按规律做题？

课堂上怎么教？对暴露出来的问题，尽可能地交还给学生，由学生自己解决；只有这样，学生的认识才深刻。而老师应在学生都不能解决问题的状况下才出现。老师的出现也不是大包大揽地讲，也是“兵教兵”，“老兵教新兵”，引导学生寻找规律，让学生知其所以然，引导学生预防运用时可能出现的问题等。教的方式，让已掌握的学生先讲。讲对了，教师肯定；讲得不完整，达不到深度的，教师补充；讲错了的，教师更正。“兵教兵”不仅体现在课堂，也延伸到课后。洋思在安排学生座位时，都是让后进生和优秀生搭配在一起，结成“一帮一”帮扶对子，这样不仅能够有效解决学困生的问题，而且还促进了优秀生的提高。优秀生要想帮助别人，自己就要理解充分，学习上也有了紧迫感。把自己理解的知识清晰地表达出来，本身就是一种提高。当然，为保证“一帮一”落到实处，他们还有一系列的管理措施。

□ 当堂训练：是在先学、后教之后，让学生通过一定时间和一定数量的训练，应用所学知识解决问题，从而加深对课堂所学重难点理解。是为了达成目标所进行的又一次自我探究、自我学习的过程。当堂训练，像考试一样训练。要求学生按时完成，做到“堂堂清”。当堂训练的练习分为三个层次：必做题、选做题、思考题。“堂堂清”的内容清的就是必做题。

■“先学后教、当堂训练”的课堂结构

“先学后教、当堂训练”课堂以训练为主线，分为三个环节、九个步骤：

□ 先学结构：

A. 激学：包括激态和激趣。即激发出学生的学习状态和学习兴趣；教师应该根据课前学生状态和教学内容设法调动学生。特别要重视学生的学习情绪和学习状态的激发。

B. 导学：教师尽快出示本节课的学习目标和相关练习以引导学生进行自学。

C. 自学：学生依据学习目标阅读教材，完成课后相关练习和教师安排的练习。教师在这个过程中注意巡视，特别关注学困生情况。

在先学环节中，教师出示的学习目标和相关练习方式有：事先印好材料人手一份、通过多媒体展示等方式。

□ 后教的三个层次：

A. 互教：会者教不会者；教师尽可能地调动已经掌握的学生教不会的学生。

B. 班教：全班教。对于共性问题，教师设法激发学生积极讨论，各抒己见，达到在相互讨论中掌握知识。

C. 导教：教师引导解决问题。对于学生通过以上环节仍然解决不了的疑难问题，教师通过启发、引导帮助学生解决。这个环节教师教的时间依学生疑难多少来定，多则多讲，少则少讲。但讲授时间宜限制于15分钟以内。

□ 当堂训练：

A. 自练：要求学生通过先学后教环节的学习后，能够进行在教师的引导下进行的自我总结、自我提问、自我质疑、自我探究，从而加深对所学内容的理解和掌握。

B. 互练：在教师的统一要求下，学生之间围绕学习内容进行的互检互测的教学活动。

C. 导教：教师出题引导学生练习。洋思中学特别重视学生练习的校本化，即教师根据每节课的教学目标和学生的实际情况，由教研组或备课组的每位教师编写学生练习。这样的练习符合实际，层次分明，针对性强，避免了外购资料的一些弊端，达到了很好的训练效果。

以上就是“先学后教、当堂训练”的课堂基本模式，在这三个环节、九个步骤中，并非一成不变，应根据教学内容和课型的不同，从实际出发，灵活运用。

洋思中学老师所上的每一节课，都不是热热闹闹、红红火火的，而是很平实的。但我们感觉教学效果很好。教学中，充分体现了以学生为主体、以学生的学习为中心、以培养学生的能力为核心，激发和调动了学生学习的主动性、积极性和自觉性；学生在教师的组织下，有序、全面地参与到教学活动中。课堂气氛始终紧张，学生思维紧张、行动紧张、情绪紧张。而教师却显得较为轻松，教师在课堂上的任务就是观察和思考、发现和指导、激励和监考。不过，我们感觉到，虽然教师在课堂上轻松，但为上好每一节课，在课下却要花费大量的功夫，认真备课、精心准备。只有课前忙碌，才能课上轻松，游刃有余。在备课的环节中，他们注重集体备课。要求每位教师每节课所上的内容70%应是共同的，30%内容教师可根据具体情况进行调整。

洋思中学的老师说：如果把课堂比作战场，教师就是策划、组织的指挥员，要把打仗的权利交给学生。如果把课堂比作舞台，教师就是导演，把演戏的权利还给学生；如果把课堂比作赛场，教师就是教练员，把比赛的权利让给学生。

洋思中学的课堂教学模式究竟是如何操作的呢？洋思中学有他们一套科学具体的操作办法。

■ 从坚定信心抓起——让人人相信没有教不好的学生，并把信念变成信心和行动

学年开学初，洋思中学要举办三次全校演讲会，一次是教师演讲会，一次是学生演讲会，一次是新同学演讲会，主题都是“没有教不好的学生”，师生用自己的亲身经历来说明没有教不好的学生，以此来坚定师生的信心，鼓舞师生的士气。平时，又通过班会、校内传媒与相关活动，树立和宣传典型事例。

■ 从上课抓起——建立了一套使每一个学生都能学会、都能学好的教学模式：先学后教，当堂训练

实质：全过程让学生学。

第一，介绍学习目标。(一分钟左右)

上课一开始就告知学生，主要通过投影等多媒体教学的方式，简明扼要，明确本堂课的学习方向和目标，教师不做任何说明和讲解。

第二，自学指导。(两分钟左右)

通过投影明确告知学生：A. 明确自学内容，具体到几页几行，什么内容和范围。B. 明确自学方法，告知学生怎么自学，引导学生抓住新知向旧知转换的环节，学生重点思考关键环节，把主要精力放在新知向旧知转换的环节上。各学科可以有不同的方法，要具体情况具体分析，什么方法好，符合学生实际，符合学科实际，就采用什么方法。这种自学方法的日积月累极大地潜移默化提高学生的自学能力。C. 明确自学要求，也就是要达到的具体目标。

第三，学生自学。

这个环节很重要，老师要特别注意每一个学生的自学状况，确保每一个学生都紧张、高效地实施自学，对教师发现的学生自学中的问题要及时用各种方法去引导纠正。

第四，学生练习。

自学后，检测学生自学的效果，用题来检测，主要采用选择题的形式，练习题必须精心设计。A. 检测的学生对象，主要是中差生，上黑板做题或抽问回答，同时允许尖子生在掌握本课内容的前提下，超前地学，尤其是奥赛题，尖子生在后教部分可以照顾。B. 检测的内容必须紧紧围绕自学的目标出题，可以是类似题的翻版，切忌离题万里，注意跨度不要太大，难度不要太大，主要是掌握和运用好自学方法，解决问题就行。类似题的检测可以及时地极大地增强学生的自信心。

以上四个环节18分钟左右完成，第三、四环节是学生学、学生练，第一、二环节是先学的辅助环节。

第五，引导学生更正，指导学生运用。

要注意三个明确：明确教什么，明确怎么教，明确教以后达到什么要求。

A. 教什么，教的内容必须是学生存在的问题。凡是学生会了的问题坚决不再教，教师教的一定是学生在学的环节存在的问题。这里要注意一个原则，让学生回答问题后，评判的权利还给学生，教的过程学生始终处于主体地位，学生要明确判断有无错误，有错误错在哪里，为什么错，无错误有没有更好的方法，一直到学生找完问题、更正完问题，找完方法，学好了思维和解题的方法为止，教师不轻易把问题和方法主动讲出来，都是学生在主动地思考，这样能够充分调动每个学生学习的积极性，学生找问题、找方法的过程，就是运用的过程。

B. 怎么教，“兵教兵”是一个很好的教的方法，注意只要有学生会，就要让会的学生教，如果实在没有学生会，教师再教。会的学生可能教得不完善，方法不一定是最优的，教师可以加以补充归纳，学生帮忙解决的问题，同学记忆是最深的，这个环节既是培尖，又是补差。

C. 明确教的要求，要特别注意不能就题论题，必须做到教一题会一群，必须教出方法，教出规律，教一题会一类，要让学生能举一反三。(大容量、多媒体更能有效地解决适应高考应试的需要)

这个环节还不是教师完全教，要尽可能让学生思考问题。

第六，当堂完成作业。(不少于15分钟)

A. 作业要典型，要围绕课堂教学目标出题，要分层次出题(大容量、多媒体更能有效地解决适应高考应试的需要)，让 不同类型的学生都有不同的提高，可以有必做题，选做题，但并不是将学生人为地划分层次，选择的权利在学生。

B. 当堂必须完成，分层次地完成。当堂完成的好处：

★ 将知识转化为能力的过程，能力的培养要靠自己去做。

★ 可以直接反馈信息。

★ 可以有效地减轻课后学生的负担。

★ 可以提高学生的综合素质，使学生有更多的精力和时间去从事课后许多活动课的内容。

课堂教学有两条线，一条是明线，一条是暗线，明线就是学生为主体的学的活动，每一个环节都是学生在学和练，暗线就是每一步都有教师在指导、引导，都离不开教师的指导，它不是放羊式的。哪一位把这两条线结合得好，谁的教学效果就会更好。

■ 从"最后一名学生"抓起，实行"三清"

到洋思中学来的学生，相当一部分是所谓"教不好的学生"，有的学习成绩在原来学校甚至是倒数第一。2001年，洋思初一收了200多名两门功课不足120分的学生，有几十名还是个位数；初二收了200多名插班生，其中也有几十名学习成绩是个位数的学生。即便是对这样的学生，洋思也没有丧失可以教好的信心。

从"最后一名学生"抓起，洋思人有三种做法：

第一，合理分班，调动竞争的力量。2001年他们将初一200多名两门功课不足120分的学生，按照每个学生的实际情况，合理搭配，平均分到两个分校20个班级，并分别与分校长、班主任签订"目标教育责任状"，定期对这些学生的转化情况进行验收，优者奖，劣者罚。

第二，结对帮扶，调动合作的力量。班主任将这些学生安排到教室前排的位置，与优生同桌，结成学习对子。

第三，特别关注，调动情感的力量。课上老师提问最多的是这些学生，板演最多的是这些学生，释疑、点拨最多的是这些学生，课后谈心交流最多的还是这些学生。老师不仅关心他们的学习，也关心他们的生活、思想、情感，以全方位的人文关怀激励学生奋发向上，以炽热的情感使过去备受老师冷落和同学歧视、家长打骂的后进生有了自尊、自信。每堂课自学后的提问，要从最后一名叫起。

"最后一名学生"有了进步，自然水涨船高。在洋思，我们随手翻看了初一英语最近的一次检测，初一20个班，1000多名学生，多数都是100分，没有一个90分以下的；最好的班与最差的班平均分相差还不到1分。学科成了名副其实的"无差生的学科"，学校也成了名副其实的"无差生的学校"。

实行“三清”——堂堂清，日日清，周周清。

“三清”，即“堂堂清、日日清、周周清”，其实就是要求学生做到“课堂上能掌握的不留到课后”“今日事今日毕”“适时温故知新，巩固提高”。

道理说起来并不深奥复杂，但真正按照这个要求并能持之以恒地做下去，实在是难，很难。洋思“没有教不好的学生”，很大程度上是因为做到了这一点。

“三清”中，最重要的是“堂堂清”，每堂课所学的新知识掌握或基本掌握了，“日日清、周周清”才有可靠的保障。否则，课上留下一大堆问题，课后再怎么努力，时间、精力也不够用，“日日清”清不了，“周周清”也就成为一句空话。

洋思的每个班都按学科建立了学习小组，小组间正常开展学习竞赛。为了小组的荣誉，课上，无论是自学、讨论，还是知识检测，小组内成员都互帮互助，互督互查，毫不马虎；课后，对堂堂清不了学生，小组内成员分工负责，例题、习题、单词、背诵段落，一一助其过关。一次“清”不了，两次、三次……一般经过“二清”“三清”，绝大多数同学都能做到“日日清”，极个别仍不能“清”的，由老师帮助其“清”。

“周周清”同样不可或缺，他们实施周五验收制度，主要验收数学、英语两门学科。单周验收数学，双周验收英语。教导主任、教研组组长当验收组组长，任课老师和班上的尖子生当验收员，班与班对调验收。验收英语时，只凭课本，让接受验收的学生把两周所教的单词逐一朗读，逐一听写，错一个就在课本上那个单词旁边做上记号。验收数学时，也是凭课本，让被验收的学生逐一讲书上的概念、例题、习题。验收完，在表上填上正确率。“清”不了的内容，由任课老师利用双休日帮助落实补救措施，再接受验收。

“堂堂清、日日清、周周清”是一个既定的目标，学生、教师甚至家长都感到有了责任，于是一起铆足了劲，朝着这个目标努力。现在，“三清”已内化为洋思的一种学习习惯，学生学习自觉主动，“清”不了的学生越来越少了。

■ 从生活抓起——养成让每一位学生都能做到的生活方式和文明习惯

蔡林森有这样一个观点：教好学生，不仅仅是教会学生求知，生活是一本书，生活也是一门课程。

蔡林森所说的生活课程，是在学生衣、食、住、行等日常活动中，有目的、有计划、有组织地进行引导、训练、管理，使之学会自理、学会做事、学会做人、学会关心，养成良好的生活习惯的教育活动，具体内容涉及吃饭、睡觉、洗衣、洗澡、整理衣物、管理财物、交际交往等方方面面。

在洋思中学的生活区，随处可见“学会吃饭”“学会睡觉”“学会洗澡”等标语，不知情者看了也许会哑然失笑，初中学生吃饭、睡觉还用学吗？其实这里面大有学问。

在洋思中学的餐厅会看到学生吃午饭的情景：11点15分，下课铃响后，按照事先安排好的就餐顺序，不同年级的学生分时段走出教室，有秩序地走进餐厅，等本桌的8名同学都来齐了，方才坐下，其中的值日生负责分饭、分菜。楼上楼下2000多名学生同时用餐，听不到任何喧哗，没有人乱跑乱窜。20分钟左右，所有学生全部吃完，并将餐桌、碗筷洗刷干净。我们注意到，不少餐桌上都有一只插着绢花的精巧小花瓶。司务长告诉我们，那是文明餐桌的标志。

洋思的学生大多是寄宿生。早晨起床铃响后，先醒的同学必须叫醒同室其他同学，然后上铺的同学先整理床铺，后到水池上洗漱，下铺的学生则反之，这样2000多名学生20分钟之内都能保证整理好床铺，洗漱完毕，准时到操场上集中早锻炼。

洋思2000多名寄宿生的零用钱都存放在生活指导老师那里，要用时向老师支取，但要说明用途，且无特殊需要，一次支取不得超过10元。

这里有平等观念的教育，有劳动观念的教育，有勤俭节约的教育，有效率意识的教育，有友爱思想的教育，还有艰苦奋斗思想和理财观念的教育。

谁说学会吃饭、睡觉、洗漱不值一提？

为了让学生学好“生活”这门必修课，洋思人狠下了一番功夫：

首先是重视生活指导老师队伍建设。他们挑选生活指导老师的条件近乎苛刻，1999年秋，洋思中学以优厚待遇向社会公开招聘生活指导老师，前来应征的有数百人，经初步考查后，其中50人分批到学校试用，首批10名试用人员中仅录用了1人。洋思的生活指导老师绝不是一般临时工，而是一个责任心强、工作认真细致、有一定育人技能的高素质群体，他们经过岗位培训后，在洋思中学这个奋发向上、充满挑战的环境中很快进入了角色。

其次是形成齐抓共管的局面。洋思中学没有把“生活课程”的实施一股脑儿推给生活指导老师。学校领导、班主任、科任老师都有明确的责任，谁的环节出了问题，谁就得承担相应的责任。如宿舍少了东西，生活指导老师必须赔偿；班主任和科任老师没有采取有效措施，对学生进行教育，导致学生偷窃，要扣班级考核分数、扣有关老师的奖金，同时，年级负责人(分校长)也要受到相应的处罚。

再次是坚持从点滴做起。比如，新生刚进校，宿舍里垃圾较多，他们就开关于宿舍垃圾的会议，要求学生少吃零食，比哪一层宿舍的垃圾少；吃饭时，桌上只要有一粒米，全桌的人都不能离开；天气有了变化，要求学生注意增减衣服，生活指导老师在宿舍门前逐一检查；遇到外来客人，必须笑脸相迎，彬彬有礼。

最后是及时表扬，树立典型。宿舍、餐厅都有广播，及时表扬好人好事。此外，他们还把“生活课程”的实施情况作为“三好生”的评比条件，“三好生”所在宿舍必须是文明宿舍，所在的餐桌必须是文明餐桌，否则就不能评上“三好生”。

一位家长说，他的孩子原来在家娇生惯养，晚上洗脚水都要家长倒，到洋思一个月，回家自己叠被子，帮妈妈洗碗，着实给了家长一个惊喜。是啊，在这样有责任感和自信心的教育环境里，还有什么样的学生教不好，学不好？

感悟洋思中学的课堂教学模式，真的受益匪浅。若有机会走进洋思中学，你会有更多的感悟。

4. 体味杜郎口中学的课堂教学模式

杜郎口中学的课堂教学模式在当今的教育界引起了很大的反响，被称之为“杜郎口旋风”。

杜郎口中学是位于山东省聊城市茌平县杜郎口镇的一所初级中学，在

1996年的时候，该校以乱闻名，面临即将被撤并的窘境。从1997年开始，在崔其升校长的带领下，针对课堂教学进行了一系列的改革，围绕落实学生的主体地位，实践并逐步形成了独具特色的“三三六”自主学习模式，取得了显著的成效，由原来全县倒数一二名上升到前三位，一跃而成为茌平县初中教育教学的“东方明珠”，连年被评为“教书育人”先进单位。聊城市把杜郎口中学树为初中教学改革的样板校，被山东省教科所称为农村教学改革的先进典型。

最初了解杜郎口中学的课堂教学模式也是在《中国教育报》上看到有关教育专家关于杜郎口中学课堂教学模式的解读。

杜郎口中学的改革采取了一种“先动根后动梢”的正常程序。以改革评价方式为先导，考核教师是以课堂教学的优劣作为根本依据，衡量教师教学成绩的重要指标是参与课堂教学活动人数除以班级总人数的比例。基于“教育即解放、释放人的潜在能力，挖掘人的创造能力，促进人的全面发展”的认识，对学生的课堂学习评价先后提出了“举手积极，声音洪亮，辩论热烈，争问抢答，欢呼雀跃，多种角度，创新实践，笑逐颜开，热闹非凡”“敢问，敢说，敢爬黑板(敢在黑板上写出自己的想法)，敢下桌讨论”等标准，由此改革教学模式，逐步完善为“三三六”自主教学模式[课堂自主学习三特点：立体式、大容量、快节奏；自主学习三模块：预习、展示、反馈；课堂展示六环节：预习交流，明确目标(目标由师生共同提出，教师初稿，学生补充)，分组合作，展现提升，穿插巩固，达标测评]。其改革教学的根本理念是“以人为本，关注生命”，据此提出了“为学生的生命质量负责，为学生的终身发展负责”“一切为了学生的发展，一切适应学生的发展，一切促进学生的发展”。

对杜郎口中学的课堂教学模式能够有所感悟是在2008年11月28日，北京市平谷区教育科研中心全体教研员在有关领导的带领下，来到杜郎口中学进行实地考察。

杜郎口中学的课堂教学模式创造出了教育教学的奇迹，使得差点儿被撤并的一所学校，一所农村教育教学双差学校，一所问题学校能够起死回生。

那么，杜郎口中学的课堂教学究竟是一种什么样的模式？为什么要采用这种课堂教学模式呢？这种课堂教学模式的特点是什么？听听杜郎口中学崔其升校长的报告，就会对杜郎口中学的课堂教学模式有进一步的了解。

■ 杜郎口中学的课堂教学模式："三三六"或"10+35"模式

"三三六"自主学习三特点：立体式、大容量、快节奏；自主学习三模块：预习、展示、反馈；课堂展示六环节：预习交流、明确目标、分组合作、展现提升、穿插巩固、达标测评。

所谓立体式就是：教学目标、任务是新课程要求的三维立体式，将学习任务分配给每个同学、每个小组来完成，充分调动每个学生的主体性，发挥每个小组的集体智慧，展示模块就会有不同层次、不同角度的思考与交流。

所谓大容量就是：以教材为基础，拓展、演绎、提升，通过各种课堂活动形式展现，辩论、小品、课本剧、诗歌、快板、歌曲、绘画等。

所谓快节奏就是：在单位时间内，紧扣学习目标和任务、通过周密安排和师生互动、生生互动，达到预期的效果。

预习模块的主要任务是：明确学习目标，生成本课题的重点、难点，并初步达成学习目标。

展示模块的主要任务是：展示、交流预习模块的学习成果，并进行知识的迁移运用和对感悟进行提炼提升。

反馈模块的主要任务是：对前面的课进行反思和总结，对预设的目标进行回归性的检测，本环节尤其突出"弱势群体"，让学生说、谈、演、写，进一步检查落实情况，达到三维目标。

"三三六"自主学习的课堂教学模式是以学生在课堂上的自主参与为特色，把课堂的绝大部分时间留给学生，老师仅用极少的时间进行"点拨"。他们把这种特色叫作"10+35"(教师讲解少于10分钟，学生活动大于35分钟)，或者"0+45"(教师基本不讲)，充分引导学生，营造以学生自学为主、以学生为主体的课堂。

■ 杜郎口教学模式的课堂特点

①预习(或自学)是最重要的环节。

学生没有预习的课不准上，学生预习不好的课不能上。预习就是正课，自学就是正课。

②“先学后交，当堂达标”。

“先学后交”与“先学后教”音同字不同，“交”是更宽泛的“教”，体现了合作学习、交流学习、交叉学习。

教室都是方阵式排位，四桌8人一组，没有散兵游勇，没有孤兵作战，没有“独立思考”(开小差)，且平行分组，均衡搭配。

③目标性、目的性强。

有预设目标，有预习提纲。体现了目标教学的精髓。

④课堂评价直接实际，导向明确。

用学生每节课参与的人次数(参与度)来评价本节课！

⑤学生建立“一帮一”学习制度。

共同捆绑记分！形成“共同体”！考试时看二人的平均分，组与组之间看小组平均分，有效地缩小好学生、学困生之间的差距，调动他们的积极性。

■ 杜郎口教学模式的课堂角色转变

①黑板是学生的，甚至地板也是学生的(大片大片地写出来交流)；讲台是学生的，甚至整个讲解过程都是学生的；学习知识的初始权是学生的；疑难问题的发现权是学生的。

②营造真正“三动”的课堂：动脑(预习阶段)、动手(展示阶段)、动口(交流阶段)。

③真正落实“三讲三不讲”。

④教师：“退居二线”——纠偏、点评、总结、释难。

杜郎口教学模式与传统课堂、低效课堂进行比较，不难发现，后者的课堂多是教师表述的课堂，甚至是表演的课堂，学生不痛不痒。虽然讲得很到位、很清晰、很精彩，但真正听懂(注意力能集中起来且能跟上你的思维)的只有一半，一半中听了能记住的只有一半，记住的一半中能重述和再现的只有一半。多讲的弊端在于：大部分时间被一人充斥，大部分学生没有独立思考，没有实践训练，没有进行自我加工、重复加工和深加工。一句话，或没有留下烙印，或留下了但不能翻刻出来。课堂是要讲的，不讲不成课。但怎么讲？尤其是讲多少？是需要认真研究的问题。课堂的本质在“学”而不在“讲”，要把充足的时间留给学生学。讲也是学的一种方式，但不能成为几乎唯一的方式，学的方式应多种多样，尤其应探究主动学和自己学有机结合的方式。

■ 杜郎口教学模式的精神支柱

①励志：激发斗志、鼓舞士气、树立信心是提高课堂效益的最大保障。(有氧学习)

A：是让本次自己不理想的成绩再次重演，还是将不服输的志气转为行动？

B：中考，离我有多远？（时间）我，距中考有多远？（实力）

C：别人都在进步，你还在等什么？

②敬业：取得教学成绩的基本前提(主动工作)。

一支粉笔，一块黑板，一本课本，一个教室。艰苦环境，简陋设施搞改革。

A：几乎无奖金。

B：公示栏：每天公布上课情况、晚自习情况。

C：支撑：团队精神，集体荣誉感。

③总结：校本提升(享受荣誉)。

不断地反思，不断地总结，不断地形成经验，不断地推出成果。

走进杜郎口中学的课堂，你会有不一样的感受。

■ 预习课

预习课是杜郎口中学课堂教学的预习模块，也是课堂教学的重要起点。在杜郎口中学有这样一条规定：没有经过预习的课不准上，同样，没有预习好的课也不能上，预习要至少占到课堂的百分之七十。在预习课中，教师首先要分发预习学案，学案的内容包括：预习重难点、预习方法、预习提纲、预习反馈、预习小节等，在课堂中的一般操作如下：

第一，给学生五至七分钟的阅读文本知识的时间，在阅读文本知识的时候，教师可以引导学生利用多种不同的形式进行阅读。如学生可以自己独立阅读，也可以结对子比赛读，还可以小组讨论交流；学生可以在自己的位置上读，也可以到黑板上把重点知识标注下来，还可以到教室外面去，几个同学在一块交流、板书，还可以到其他小组去，甚至有的同学利用教室内的多媒体上网查阅资料，利用图书室的图书查阅资料等。

第二，小组长带领组员进一步细化预习提纲上的知识点，并对课本上的疑难问题进行解疑，教师穿插其中，解疑解惑，指导学生。学生也可以自由发言，向同学、老师提出不同的问题，师生共同解答大约五分钟的时间。

第三，结合预习提纲，教师分配学习任务，为下面的预习展示做准备，大约三分钟的时间。

第四，学生以组为单位，把自己组分配到的任务进行文本知识的讲解、分析、拓展，学生点评，教师点评大约十五分钟的时间。

第五，学生做一些典型题目进行预习反馈。反馈一般是以题目的方式进行，可分为基础闯关和能力升级两部分。学生可以到黑板上板书，也可以是小组长进行抽查，教师抽查等，并及时公布反馈的结果，对个人、小组进行评比，一般用五至七分钟时间。

第六，课堂小结。学生自由发言，说出自己在本节课中的收获，还可以提出不同的见解，发表不同的看法，师生共同互动。

第七，教师综合学生在本节课的知识掌握情况，对下一节课的内容提前做好预习。

■展示课

展示课就是展示预习模块的学习成果，进行知识的迁移运用和对规律进行提炼提升。

一是遵循展示课上的六环节来完成的，先说一下展示内容的选取，简单的问题不展示，无疑问的问题不展示，展示的是重点问题，难点问题，有争议的问题，一题多解的问题，能拓展延伸、提高学生能力、开发学生潜能的问题，体现在预习提纲上的多数是能力升级中的问题，也就是说，展示的问题不是预习提纲中的所有问题；二是选取有价值、有代表性的问题进行展示。展示过程如下：

第一，预习交流(1~2分钟)：目的是巩固解决问题所运用到的知识点，为学生顺利地完成本节课的任务扫清知识上的障碍，一般通过学生交流预习情况，明确本节课的学习目标。

第二，确立目标(1分钟)：基本知识巩固之后，教师可以据此说出本节课的目标和重难点，展示课上的目标与预习课上的目标完全不同，展示课上的目标除了基本知识与基本技能之外，更侧重的是规律和方法的总结，以让学生形成技能和技巧。

第三，分组合作(6~8分钟)：教师将本节课需要展示的问题分给六个小组，然后每个组长负责再将任务分给组员，组员分工合作，一般分配原则是：中下游学生讲解、分析，优生点评、拓展，学会把握题目、分析、重难点(题目涉及的知识点等)。在这个环节需要注意的是：

①各组任务尽可能的均衡，每个小组分配任务的多少应根据题目的难易来确定，如果此题目有不同的做法，或能够根据此题目进行拓展或延伸，或能够进行变式训练，一般是两组一题；如果题目涉及的知识点较少，规律和方法较少，则一组分一个题目。

②明确完成任务所需的时间，有时间限制，学生就会有紧张感，行动起来会迅速一些，在课堂中经常采取评比、报道的方式，根据各组同学完成任务的快和慢、版面设计的美观情况对各小组进行排序，并加相应的十分、八分、六分、四分、二分、零分等。

第四，展示提升(20分钟)：通过分组合作对问题的再交流，学生对本组的问题进一步厘清思路，加深了理解。

展示的过程是：一般是从第一组开始，到第六组顺次展示，也可以从第六组开始，对题目进行讲解、分析，其他同学进行点评，说出此题所运用到的知识点、解题关键点、易错点、总结的规律，或由此题进行知识拓展、变式训练等，学生也可以提出自己的疑问，其他同学或教师给予解答等。

在实际操作中，为了增强学生展示的积极性、主动及精彩性，教师们通常采取各种评比方式，比如，小组内全员参与的加五分；有开场白、过渡语的根据精彩性加五至十分；能主动参与其他组的分析、点评的加十至二十分，能利用不同形式如顺口溜、小品、歌曲等加二十至三十分，等等。最后，根据各小组的得分进行排序，教师及时进行点评、表扬或鼓励。

第五，穿插巩固(3分钟)：学生展示完后，给学生几分钟的时间对自己组没有展示的题目进行疑难交流，重点是小组长对组员进行帮扶或检测。

第六，达标测评(5分钟)：可以是学生谈收获，大致内容分为"通过本节课，我学到了什么，还有什么问题，向其他同学请教什么问题"等，也可以是教师根据展示情况设置几个题目或问题进行单独抽测并及时反馈课堂效果。

■ **反馈课**

新授课的反馈，一般当作下一节预习前的一个环节，教师抽取上一节课展示不理想或重、难点题目，反馈偏科生及待转化生的掌握情况，也可选取与其相类似的题目，考查学生的迁移运用能力，目的是查漏补缺，促进提高，是促优补差的一种好方法。注意：相邻学生之间不完成相同的题目。各小组长在黑板上对自己组的板演同学分板块进行指导，随时发现问题，解决问题，并在学生反馈完后，点评自己组员的板演情况。教师对于出错多的共性问题进行点评、强调，并根据学生的实际情况或进一步训练、强化一节课，或进入下一节课的预习。

走进杜郎口中学的课堂，感受最多的是大多数讲课的是学生，给学生解答题的也是学生，老师只是起到了组织和点拨的作用。这样，学生的学习积极性就被充分地调动起来，其学习的潜力也会被充分地挖掘出来。学生在课堂上是快乐的，就会激发学生在学习上的积极性，提高学生的学习兴趣，真正变"要我学"为"我要学"，这样的课堂是高效的。

5. 谈谈兖州一中的"循环大课堂模式"

那么，兖州一中的"循环大课堂模式"到底是什么样呢?

兖州一中的课堂教学模式被称为循环大课堂模式。即"三步六段、35+10课堂循环"模式。

"三步六段"是课堂的组织形式。即"一课分二段"(35+10)，"三步为一课"。

“三步”是指：课前、课中、课后。“六段”是指课中六个环节：重申目标、学情调查、问题注意、精讲点拨、当堂检测、小结作业。

“35+10”就是35分钟展示+10分钟预习。展示的内容是上节课10分钟加课下预习的成果，预习的内容是下节课将要展示的内容。每节课的起点在上一节课的最后10分钟。这与传统意义的一堂课“预习＋交流”的分配恰好是倒置的。简单的改变却盘活了课上课下的对接，使得兖州一中的课堂形成了“课上—课下—课上”的环形结构。

兖州一中的这种“循环大课堂模式”是怎么产生出来的呢？

兖州一中的课堂教学改革不是空穴来风，这主要得益于山东省素质教育这个大环境。山东省强制推行的规范办学行为，要求把“时间还给学生”“把健康还给学生”“把能力还给学生”，客观地促使着高中教学必须走出“时间加汗水”的应试误区，而创新出一套符合规范要求的素质教育模式。

谈起兖州一中的这种“循环大课堂模式”，兖州一中的杜校长很有感慨：兖州一中的这种“循环大课堂模式”是“师法”杜郎口中学的课堂教学模式，没有杜郎口中学的经验就没有现在兖州一中的“课变”。兖州一中的经验是“踩在杜郎口的肩膀上摘星星”。

杜郎口的课堂三环节“预习—展示—反馈”“10+35”是连贯的，是从改变课堂组织入手，来解决课堂上的高效问题。兖州一中的“展示＋预习”“35+10”是截然不同的两段，是从课堂结构入手，解决“课上与课下的高效”问题。虽前后倒置，但两者本质相同，都同样深深地刻着“自主学习”的烙印，课上也都有“展示”和“预习”环节。但不同的是，杜郎口的预习是在课上。有专门安排的预习课，学生在课上围绕“学习目标”自学或者“兵教兵”，而兖州一中却把课下时间变成了预习单元，课上重心倾向于“展示”，这样课堂效益更高，气氛更热烈。

如果说杜郎口实现的是课上的高效，那么兖州一中则在吸纳了杜郎口经验的基础上，创造性地激活了学生课下的合作探究，为课上的展示做好了充足的铺垫，更大限度地打破了课堂时间的制约，为课堂精彩做好了充分的准备。既能课上高效，又能课下高效，从而实现了课上和课下的“双高效”。较之杜郎口，兖州一中又把课改理念向前推进了一步！

那么，兖州一中的这种“循环大课堂模式”又是如何操作的呢?

一个转变：师生角色的转变。

两个前置：学习目的前置，学习手段前置。

三个方法：自主、合作、探究。

四个形态：展示、纠错、点拨、拓展。

基本理念：把教学相长拓展到整个课堂，让差异资源衍生出万千学长。

主要目的：以培养自主学习能力为主，即自我学习、敢作敢为，掌握感知知识、联想拓展、交流合作、善于表达、整理笔记等十大自主学习能力。

主要效能：实现目的——高效益，实现手段——高效率。即课上课下的双高效，学生和老师的双效益。

兖州一中的这种“循环大课堂模式”改变了传统意义上的时间结构、空间分布、课堂角色、教学资源、评价方式，实现了教学目的的高效益和教学手段的高效率。

6. 说说昌乐二中的“271 高效课堂”模式

昌乐二中的“271高效课堂”模式也是我们参加北京市教科院组织的山东典型名校高效课堂教学实地考察所了解的。

■ **“271”高效课堂的基本含义：**

□ 课堂时间分配“271”：

即课堂45分钟分别按照2：7：1的比例，划分为“10+30+5”。要求教师的讲课时间不大于20%，学生自主学习占到70%，剩余的10%用于每堂课的成果测评。

□ 学生组成划分“271”：

即20%是优秀生，70%是中档生，10%是学困生。

□ 学习内容构成“271”：

即20%的知识是不用讲学生自学就会的，70%的知识是通过讨论才能学会的，10%的知识是同学之间在课堂上展示、互相回答问题，并在老师的强调、点拨、反复训练下才能会的。

□ 追求动态转化“271”：

即课堂上要求教师要充分“利用”优秀学生资源，又要给优秀学生提供“自助餐”，保证他们学得更好；通过小组互相讨论，促进中间学生的向上“分化”，把其中的20%转化为优秀生，以此扩大优秀生的比重，而把10%的学困生向着70%的群体推进。

那么，昌乐二中的“271高效课堂”到底是一个什么样的模式呢？

■“271”高效课堂的基本操作程序为“三段五步”：

“三段”即课前、课中、课后。

课中分“五步”：

第一步：读书自学，自主探究；

第二步：完成学案，训练应用；

第三步：分组合作，讨论解疑；

第四步：展示点评，总结升华；

第五步：清理过关，当堂检测。

□ 读书自学，自主探究：学生以高效导学案为学习路线图，按图索骥，自主学习，主动学习，探究学习。

□ 完成学案，训练应用：学生在根据学案完成自学任务后，完成导学案上的训练题目，以检验自学效果，找疑难，找不足。

□ 分组合作，讨论解疑：学生完成导学案训练题目后，小组长组织本组成员先一对一进行“AABBCC”分层讨论，然后小组内部交流讨论，交流学习中的收获，讨论学习中的疑惑，讨论跟踪训练中的问题。

□ 展示点评，总结升华：学生在充分讨论的基础上，不仅展示本组学习成果、学习心得，同时也将小组共性的学习困惑提交班级讨论。在本环节中，教师要融入学生的展示点评中，要充分发挥主导作用，要善于捕捉时机进行评价、追问、点拨，点拨要“要言不烦”，“不愤不启”，“不悱不发”，“点”要收到“画龙点睛”“点石成金”的效果，“拨”要达到“拨云见日”“拨乱反正”的目的，本环节是课堂引向深入、实现高效的关键一环。

□ 清理过关，当堂检测：课堂最后5分钟，教师要留出时间让学生对所学内容进行总结梳理，反思学习目标的达成情况，并且及时进行当堂教学效果的检测，以达到对所学内容的巩固、深化。

昌乐二中的“271高效课堂”模式如何落实？落实这种课堂教学模式的主要抓手是什么？

■ 学习目标——高效课堂的方向盘

学习目标是每一堂课要达成的目标，“积跬步，至千里”，只有每一个教学目标都顺利实现，才能最终实现学生自主发展、全面发展、主动发展。课堂教学目标就是高效课堂的方向盘，它指引着学生学习的正确方向。教师每节课都要板书学习目标，学习目标包括：学习内容、理解掌握、灵活运用等。学习目标要保证设计科学、时间分配合理，表述要清晰、准确，不模棱两可。板书要认真、工整、醒目，写在黑板右上角，不能擦掉。学习目标要贯穿课堂始终，上课诠释目标，讨论围绕目标，展示体现目标，检测回扣目标，不偏离，不游移。

■ 高效导学案——高效课堂的路线图

①高效导学案是高效课堂的路线图，是指导学生高效自学、高效讨论、高效展示的方案。高效导学案的编制要遵循四个符合：一要符合新课程标准，二要符合具体教学模块的要求，三要符合“三维目标”的要求，四要符合教师、学生、学习内容的实际。

②编制者要本着高度负责的态度，下大功夫，大胆整合教材，突出学科特点及课型特点，精心研究课标要求和知识能力要求，明确本导学案承载的知识、能力在整套教材中的地位和作用，重点突出，难易适中，切实能引导学生自学、讨论、探究，拒绝简单化、习题化，设计的探究问题要有深度和挑战性、具有立体感和新颖感。

③导学案内容要包括：学习目标、重点难点、使用说明、自学指导、自学练习、当堂检测、学习反思等(不同课型、不同内容的导学案应有所侧重)；训练学案要分层设计，有适当迁移拓展、归纳小结，注重限时训练。

④导学案编制体例要规范，要设计编制人、审核人，包科领导签字、日期、编号、学生姓名、组别、评价等级等内容。

⑤坚持导学案编制走程序，实现集体智慧与个人智慧的统一。昌乐二中要求所有导学案都要提前一周编制，由两个备课组组长、导学案编写人、包科领导在两天内研究出框架，主备人用三至四天的时间进行编制，然后在每周周一、周四两次集体备课时全体教师再根据高考考纲、新课程标准对导学案进行认真研究、修改，最后包科领导把关、签字、印刷。

⑥坚持资源共享，实现集体智慧与效益的最大化。导学案编制使用完成后，教师要编写使用指导、编制说明，备课组指定专人定时上传至学校 FTP，由电教中心收集整理，分门别类，便于学科教师检索、参考、借鉴、修改、使用，实现学校集体共赢、资源共享。

⑦导学案提前一天发给学生，有指导，有要求，有收有批，有统计有分析，有评有纠。

■“三驾马车”——打造学习“动车组”

高效课堂成功的关键在于小组合作学习，这种学习方式的改变，走出了由教师一个人推动全班学生学习进程的尴尬局面，化整为零，让每一个学生在小组的统一管理下主动学习。昌乐二中校长赵丰平用了一个形象的比喻，原来的课堂学习，只有教师是火车头，学生全是车厢，车速自然无法提高，现在每一个小组都是动车，每个动车的动力合起来，整个班级就变成了一列风驰电掣的“动车组”。

①班级行政管理小组：

每个班都设常务班委、值周班长、值日班长，实行班务承包制，班级管理权下放，“人人当班长，个个是主人”，我为人人，人人为我，从自律、自理开始走向自强。

②高效学习小组：

每个小组由六名同学组成，根据学习能力分为 AA、BB、CC 三个层次，每个学习小组都有组训、组规、组约、组歌，打造小组精神，让学生在“比学赶帮超”中做学习的主人。这种“组内异质”构成的小组，是一个班级的缩影；

而各小组间是同质的，体现的是均衡优质。这样，每一个小组构成了一个学习共同体，在这个共同体里，大家一荣俱荣，一耻俱耻，为了小组荣誉，每个学生都无一例外地竭尽全力，也就是说，每个人都有了责任，而有了责任之后，学生的学习兴趣就会从短暂走向长久。于是，合作就有了理想的效果。昌乐二中把每个小组比作班级“动车组”的一个个动力车厢，推动整个班级快速前行。

③学科高效学习科研小组：

取消学科科代表制，实行学科班长制，任课教师是每个研究小组的特殊成员，每个学习小组均有一人进入研究小组，研究小组每周定期交流学科学习情况，教师虚心征求学生对学科学习的意见和建议，及时调整学习策略，调控学习进程。

④注重小组长和小组的培训：

A. 教师要详细批阅导学案，针对学生暴露出的问题认真备课，科学设计学习目标，设计学生需要讨论的问题和展示的内容，预测学生展示和点评过程中可能出现的问题(准备好课堂检测题目)。教师要充分准备，考虑到课堂上的每个细节，熟练驾驭课堂，灵活处理课堂新生成的问题，为培训小组长做好准备。

B. 教师课前培训组长，让他们了解这堂课的整体设计、目标要求，如何组织小组讨论，讨论哪些重要问题，小组推选哪位同学展示和点评等。课前培训的过程就是培养学生学习能力的过程，老师们要高度重视，确保每节课前都要有培训且培训效果好。

C. 任课教师要创新培训方式(如小纸条、学科班长自主培训等)，提高培训效率，少占用学生学习时间。

D. 小组长对小组成员进行课前培训。教师课前培训后，学科小组长要和学习小组组长一起对下一节课小组成员的学习任务、形式、分工进行阐述，调动每一个学生学习的积极性，对如何讨论、如何展示、如何点评，每一个人要达到什么样的学习目标，如何检测目标的达成等都要有明确的要求，确保课堂学习中目标明确、行动迅速，保证课堂高效。

如果能够有机会走进昌乐二中，听上他们两节常态课，再听听他们学校级部主任加强班级管理的报告和校长赵丰平有关高效课堂的报告，你会对昌乐二中的“271高效课堂”有更深的感悟。

第二节　走近名师，体会高效率教学的课堂教学效果

京剧大师梅兰芳说：“不看别人的戏，就演不好自己的戏。”演戏如此，上课何尝不是这样！

让我们一起走进名师的精彩课堂，共同体会一下名师的风采以及他们的课堂教学效果。

1. 让课堂活起来——走进特级教师于漪老师的精彩课堂

新课程理念下语文课究竟应该怎么上？什么样的课学生最爱听？什么样的课最有实效？

走进特级教师于漪老师的精彩课堂，你就会找到答案。

晋　祠

【课堂实录】

师：我们伟大祖国历史悠久，山川锦绣，名胜古迹星罗棋布，在世界上可以说是——

生(部分)：首屈一指。

师：首屈一指(竖起拇指)。现在请每位同学就你所知道的名胜古迹说一处，要求：一、说清楚；二、速度。我不一个一个叫名字了，请挨着次序讲下去。你先说(示意第一排一位学生)。

生1：青岛八大关。

生2：故宫。

生3：从化温泉。

生4：山西的云冈石窟。

生5：西安的大雁塔。

生6：杭州的西湖。

生7：长城。

生8：甘肃的酒泉。

生9：善卷洞。

师：在什么地方？

生9：宜兴。

生10：福建厦门的鼓浪屿。

生11：南翔古猗园。

生12：北京的颐和园。

……

生39：西双版纳。

生40：四川的乐山大佛。

生41：宜兴的张公洞。

生42：庐山的花径。

生43：中岳嵩山。

师：中岳嵩山，你还能够说出其他的几个“岳”吗？

生43：能。西岳华山、东岳泰山、北岳恒山、南岳衡山。

师：对不对？

生(部分)：对！

师：记得很熟，好。

生44：浙江的瑶琳仙境。

师：刚才我们花了不到两分钟的时间，把自己熟悉的名胜古迹初步检阅了一下，已经巍巍乎壮哉！我们祖国无处没有名胜古迹，真是美不胜收。我们祖国究竟有多少名胜古迹呢？我给你们介绍一本书，(出示书)大家看：《中国名胜词典》。这本书里介绍的都是我国名胜古迹，我们今天要学的《晋祠》，这里也有介绍。“晋祠”，你们学过地理，“晋”是指什么地方？

生(部分)：山西省。

师：因此我们查这本词典的时候，在山西省部分可以查到。"晋祠"在这本词典的127页(翻到127页)，山西省太原市下的第一个条目就是"晋祠"(出示给学生看)。我们听写一下。为了节约时间，把"晋祠"修建的时间以及后来重建的时间略去。现在请同学们把笔记本拿出来听写。

[听写]

晋祠在山西太原市西南25公里悬瓮山下("悬瓮山"请你们翻到教科书的137页，"悬"是悬挂的"悬"，"瓮"是酒瓮的"瓮")晋水发源处。北宋天圣年间[重复一遍](请翻到书的140页，"天圣"，"圣人"的"圣")，追封唐叔虞(唐尧虞舜的"唐"，追封唐叔虞)[板书：唐叔虞]("唐"是地名，"叔虞"是人名，追封唐叔虞)为汾东王("汾水"的汾)，并为大邑姜[板书：邑姜]修建了规模宏大的圣母殿[重复一遍]("圣人"的"圣")。殿内有43尊宋代彩塑[重复一遍]("尊"在这里是量词，"尊敬"的"尊")，殿前鱼沼飞梁(请看140页最后一行，鱼沼飞梁)[重复一遍]。为国内所仅见[重复一遍]("仅"，"不仅……而且"的"仅")。殿两侧为难老("难老泉"的"难老")、善利("善恶"的"善"，"利益"的"利")二泉，晋水主要源头由此流出[重复一遍]，常年不息。(哪个"常"？)

生(部分)："长短"的"长"。

师："长短"的"长"吗？

生(多数)："常常"的"常"。

师：(对，"常常"的"常"。常年不息)水温17℃(水温17℃怎么写？)[边做手势边讲]，清澈见底[重复一遍]。祠内贞观宝翰亭中——("贞观之治"的"贞观"，知道吗？)

生(集体)：知道。

师：("宝翰亭"，"宝贝"的"宝"，"翰林"的"翰"。有些同学看着我，大概不会写这个字)[板书：翰](注意，"人"下面没有一横)宝翰亭中有唐太宗撰写的御碑——[重复一遍]。("撰写"的"撰"，什么偏旁？)

生(集体)：提手旁。

师：撰写的御碑，哪个"御"？

生(部分):“防御”的“御”。

师:“晋祠之铭并序”(加引号。“陋室铭”的“铭”,知道吗? “晋祠之铭并序”)。祠内还有著名的周柏、隋槐(“柏树”的“柏”,“槐树”的“槐”。周柏、隋槐),周柏位于圣母殿左侧[重复一遍],隋槐在关帝庙内[重复一遍](关帝庙是祭谁的?)。

生:[议论]关公。

师:老枝纵横[重复一遍],至今生机勃勃,郁郁苍苍,与长流不息的难老泉[重复一遍]——(这个“长”是哪个“长”?)

生:[议论]“长短”的“长”。

师:(对。与长流不息的难老泉)和精美的宋塑侍女像[重复一遍]被誉为——(哪个“誉”?)

生:[议论]“荣誉”的“誉”。

师:被誉为(被称誉为)“晋祠三绝”。

现在请同学们校对。我读一遍,不仅校对字,而且要校对标点符号,看看怎样点才正确。

[师朗读,生校对]都对了吗?一字不错的有没有?举手。1,2,3,4[边数边扳手指]错1到4个的有多少?[稍停,学生陆续举手]看来是绝大部分。校对好了以后,请同学们做一件工作:这里一共听写了5句,请你把每一句用阿拉伯数字标出来。

[生标号]

师:标好以后请你们用很快的速度把课文浏览一遍,把条目里介绍的有关内容和文章上的有关段落对应起来[手势:两掌相对合拢]。比如说,第一句“晋祠在山西太原市西南25公里悬瓮山下晋水发源处”,这是“1”,请你看看,与文章的第几自然段对应?

生[集体]:第1自然段。

师:对,与第1自然段对应起来。在有关的语句旁边写个“1”。好,现在很快地把这5句对一对,看有没有对不起来的地方。看谁对得准,对得快,要有速度[学生专心而迅速地标号,老师巡视]。有的已经对出来了,我们稍微等一等，可能有的内容找不到，仔细找一找就能找到[××学生小声议论]。××，你说。

生45：“祠内有唐太宗撰写的御碑”找不到。

师：祠内有唐太宗撰写的御碑“晋祠之铭并序”，这一句对不着。[指问其他同学]你们呢？

生[部分]：没有。

师：也没有找到。哪个对出来的，请讲一讲，对得最快的是××。××，请你说说看。

生46：第1句话是对第1段。

师：第1自然段，这没有问题。

生46：第2句话对第7自然段。

师：第2句话对第7自然段，对不对？

生[部分]：对。

师：对的。

生46：第3句话对第5自然段。

师：对吗？

生[部分]：对。

师：好。

生46：第4句话——

师：第4句话找不着，第5句话呢？

生46：第5句话对第4自然段。

师：第4自然段对第5句话。第4句话呢？这“御碑”对不着，有没有找到的？[学生举手]×××。

生47：对第11自然段。

师：第11自然段。

生47：第11自然段中“历史文人墨客都喜爱晋祠这好地方，山径旁的石壁和殿廊的石碑上，留着不少名人的题咏”。

师：他考虑得对不对？“留着不少名人的题咏”是总说，而词典条目里只提出题咏中的一个，“唐太宗撰写的御碑”。要对应就对这个地方。×××［指生47］的理解是对的。

××［指生46］同学，刚才说第5句话对第4自然段，你们认为怎样？有补充吗？

［学生举手］×××。

生48：还应该对第6、第7、第8自然段。

师：第6、第7、第8？

生：还有第9。

师：第9。请坐。我们把听写的最后一句话读一读，到底应对哪几个自然段？前几句话是一句对一个自然段，一目了然，而最后这句话涉及好几个自然段的内容。我们一起把最后一句读一读，你们看应该从什么地方开始读啊？

生［部分］：祠内还有——

师：祠内还有，预备，读——

生［齐］：祠内还有著名的周柏、隋槐，周柏位于圣母殿左侧，隋槐在关帝庙内，老枝纵横，至今生机勃勃，郁郁苍苍，与长流不息的难老泉和精美的宋塑侍女像被誉为——“晋祠三绝”。

师：这里有哪几个说明对象？第一个是什么？［学生举手］××× 说。

生49：主要说了晋祠三绝的三个方面内容。

师：哪三个内容？

生49：一是周柏、隋槐。

师：周柏、隋槐［校正］，对第几自然段？

生49：第4自然段。还有宋塑侍女像。

师：对哪一自然段？

生49：对第7自然段。其中还包括晋祠三绝，就是还包括鱼沼飞梁，对第9自然段，以及——［下面学生纷纷议论］

师：×× 有不同意见，×× 表情上不同意了，看看包括不包括？请坐，×× 说。

生50：我认为在宋塑侍女像内并不包括鱼沼飞梁、盘龙殿柱，这里说的三绝只是对第4、第5和第7自然段。

师：第4、第5和第7自然段，对不对？

生：[部分]：对。

师：[学生举手] ××× 说。

生51：还有，我觉得这句话还应该对——噢！我看错了。[学生哄堂大笑]

师：看错了。×× [指生50]讲得对，第4、第5，是树；2是讲什么？难老泉、水，第3是讲什么？圣母殿里面的宋塑侍女像，因此是4，5，7。刚才××× [指生50]对得非常快，很好。把词典上介绍晋祠的语句和课文《晋祠》对照起来看，你们会发现哪些问题？

这是一。二、两者有哪些不同之处？[食指、中指竖起示意]三、请你们判断一下是文章写得好呢，还是词典上说明得好。[食指、中指、无名指竖起示意]有的已经思考好了。

[学生举手] ××，你说。

生52：词典上说晋祠是在山西太原市西南25公里，书上说是在山西省太原市西行40里，数据上有些不对。

师：数据上好像有些不大对？25公里是多少里啊？

生[集体]：50里。

师：50里，怎么一个50里，一个40里呢？还有什么问题？[学生举手] ×××。

生53：词典里介绍的一段话中，“三绝”是指：难老泉、宋塑侍女像和隋槐、周柏，而书上写的“三绝”是：圣母殿、木雕盘龙和鱼沼飞梁。两个“三绝”内容不同。

师：三绝的内容不一样，这又是一个问题。[学生举手] ×××。

生54：我认为 ×× 同学[指生46]刚才说的问题遗漏了一段，我认为还可以对第9自然段，就是讲鱼沼飞梁。

师：对不对？

生[集体]：对的。

师：好，补充得很好。还发现了什么问题？[学生举手] ×××。

生55：书上是唐槐，而词典上说的是隋槐。

师：到底哪一个对？是隋槐还是唐槐？

生55：[继续提问]书上写42尊侍女像，而这里写43尊。

师：是43尊还是42尊？［学生举手］××× 说。

生56：书上写的是唐槐，这里写的是隋槐，隋唐相隔时间不长，隋朝的统治很短，所以这里用隋槐、唐槐都可以。

师：可不可以？

［学生点头］

——摘自百度文库

于漪老师的课究竟精彩在哪儿？让我们听听有关专家的点评。

于老师在本节课中的“一放”“一收”尽显大家风范。于老师在导入新课时的“一放”：请学生各用一句话举出一处我国的名胜古迹并点明特点，瞬间激发了学生浓厚的兴趣，使课堂“活”了起来，达到了拓宽学生视野、培养学生说话能力、激发学生民族自豪感等多重目的。而“一收”：出示《中国名胜词典》给大家看，并让学生听写词典中“晋祠”条目内容，然后再让学生快速阅读课文，并将词典中的内容与课文中的有关段落对应起来，这下子课堂又“活”起来。在于老师的课堂上，你会深深地被那种师生情感交流的其乐融融的情景所打动，这种课堂氛围，有利于调动学生学习的积极性，激发他们的学习兴趣，学生思维活跃。

走进于漪老师的精彩课堂，我们就会有所感悟：课堂教学要体现以人为本的教育理念，要有利于全面提高学生的综合素质，有利于学生的学习以及知识、能力、情感全面发展，有利于调动学生学习的兴趣。所以，课堂上，我们必须让学生们主动参与到课堂教学过程中来，使他们真正成为学习的主人，并让他们乐学、好学、会学，让课堂充满活力，这才是提高课堂效率的关键。

2. 教师只讲十五分钟——走进特级教师罗易老师的精彩课堂

一节课教师究竟应该讲多长时间合适？

走进特级教师罗易老师的精彩课堂，我们就会有所感悟。

授课地点：广东省实验中学高一(11)班

授课内容：高中语文必修——《沁园春·长沙》

【课堂实录】

师：同学们，今天我们来学习一代伟人毛主席的词。下面我们先来看看同学们的预习情况，请我们的同学展示预习成果。(板书：展示)

(生1上讲台展示自己制作的课文预习课件并讲解，同学们热烈鼓掌)

生1：大家好！现在由我来为大家介绍一下这首词的相关情况。我将从这首词的词牌名、写作背景、作者情况、诗词朗诵以及内容简析等方面进行介绍。

(生1开始结合课件画面内容，由毛泽东的两首绝句《立志》《咏蛙》引入讲解，课件画面制作精美生动，同学们为他的精彩制作喝彩、鼓掌)

生1："沁园春"这个词牌名相传是东汉明帝女儿沁水公主的花园名，后被外戚窦宪所夺，有人作诗咏其事，于是得名。这首词毛泽东写于1925年10月，当时毛泽东从韶山前往广州创办全国农民运动讲习所，途经长沙，重游橘子洲，面对绚丽秋景，想到目前的大好革命形式，回忆起往昔岁月，不禁心血来潮，写下此词。

(看着展示出的橘子洲美丽画面，同学们十分感兴趣，发出惊叹声)

生1：下面请大家和我一起欣赏这首词的朗诵录音。

(全班听朗诵录音，品味诗歌的音乐节奏，并结合所展示课件上的生字词进行正音)

生1：刚才我们听了这首气势磅礴的词，能感觉到作者的豪情壮志。在词中，作者引用了很多以往经典中的句子，并将其化用。如"到中流击水，浪遏飞舟"就从"自信人生两百年，会当水击三千里"化用而来，这也是我们刚刚学过的庄子的《逍遥游》中"鹏之徙于南冥也，水击三千里"的化用。这是古典诗词语言"雅"的体现，而这在外国诗歌中是无法体现的，我也将这首词翻译成了英文，让我为大家读一遍。(展示译文课件并朗读，同学们觉得很新奇，发出了笑声，也响起了掌声)

生1：这首词的内容写了什么呢？其实在写作背景介绍中我们就基本上能体会出来。我在此简单分析一下。词的上阕是以写景为主，描绘了一幅橘子洲上的绚丽秋景；下阕是以抒情为主，主要是抒发词人想到当前的大好革命形势的雄心壮志，要主宰大地的豪情。整首词情、景、事巧妙结合起来。

生1：最后，我以一首毛泽东的《七绝》来结束我的介绍：暮色苍茫看劲松，乱云飞渡仍从容。天生一个仙人洞，无限风光在险峰。险峰在心头，毅志必成功。哦，后面两句是我写的，作为对我们大家的激励，也希望我们的同学明天必定成功。谢谢。

(全班同学热烈地鼓掌)

师：刚才这位同学给我们展示了精彩的课件，并做了精彩介绍，让我们对这首词有了进一步的了解。让我们再次掌声鼓励。

(全班再次响起热烈的掌声)

师：接下来我们要进行的是答辩。也就是说，如果哪位同学对这首词有什么看法或者争议，可以向这位同学询问。(板书：答辩)

生2：(举手发言)我想说下我对这首词的不同理解。我认为这首词上下阕的内容似乎颠倒过来了。我觉得上阕是豪放派风格，下阕是属于婉约派风格，因为下阕写了“风华正茂，书生意气，激扬文字”等句子，显得温柔起来。所以我认为如果先婉约后豪放的话，更能抒发出作者的豪情。因此下阙可以放在上阕前。

(其他同学开始小声议论，有的点头，有的反对)

生1：我想纠正一下你的说法，这首词上下阕的内容并没有颠倒，它上阕是提出问题，下阕借回忆同学少年往事委婉地来回答上阕的问题，并没有颠倒顺序。至于你说它是婉约词，我认为也不是，我们不能因为诗人抒了柔情，就是婉约，我们允许诗人性格里有豪放的一面，也可以有温柔的一面。

(同学们鼓掌)

师：好，两位同学都发表了自己对诗词的理解，也给了我们更多的思考。那么我们赞成哪位同学的观点呢？或者是另有新看法呢？

(全班同学议论纷纷，有的支持生1，有的支持生2，有的有自己的不同

看法）

师；好，先别下结论，我们来对这首词内容进行探究，马上就能见分晓。（板书：探究）

师：大家有没有发现这首词的线索非常明显？

生3：它的上下阕都有总起下文的关键字，如上阕的“看”“怅”，下阕的“忆”“记”。

师：对，回答得很好。这几个是领起下文的关键字。（板书：领起：看、忆）这种写法使上下内容连贯，一气呵成，气势磅礴。

师：我们来看看“鹰击长空，鱼翔浅底”这一句，他为什么要用“击”和“翔”呢？如果把这两个词换成“飞”和“游”好不好？

生4：我认为“击”显得更有力量感，给人一种气势；“翔”给人一种自由自在的感觉。

生5：我认为不能换成“飞”和“游”，否则就没有表现力，不能体现诗人的豪迈气势。

（同学们鼓掌表示赞许）

师：两位同学的回答都很好，能从诗人的情感去考虑，这是很好的思路。我们知道，“击”本来应该是人发出的动作，有“搏击”的意味；而“翔”则是在空中飞翔，现在用来写鱼在水中的动作，可见这两个词运用了什么修辞手法？

生：一个是拟人，一个是拟物。

师：对，拟人和拟物统称比拟。（板书：比拟：击、翔）

生6：老师，那这算不算词类活用？

师：这两个词在这里不是活用，如果我们比较另一句“粪土当年万户侯”中的“粪土”，就知道了。“粪土”原来是名词，在这里活用作动词，意动用法，解释为“把……当作粪土”。（板书：活用：粪土）

师：还有这里“激扬文字”的“激扬”值得我们同学注意，这是一种“缩略”用法，它是“激浊扬清”的缩略（板书：缩略：激浊扬清），词内讲的是毛泽东年轻时写文章来抒发革命情怀，与反动政府做斗争，可见气势非凡。也就是说，“书生意气，激扬文字”表现的不是那种文弱书生，书生气重的意思，而是一种革命精神。那么是不是婉约风格呢?

全班学生：不是！应该是豪放词！

师：对了，我们从语言和作者抒发的情感中感受到这是一首较为典型的豪放词，上阕下阕都豪放。

师：现在大家思考一下，这首词在结构上是否颠倒了呢?

(学生思考讨论)

生7：我认为并没有颠倒顺序，而是先问后答，上阕提出问题，下阕含蓄地回答了上阕所提出的问题。

师：回答得不错。这里其实是作者故意设计的问题，而答案就在词中，这样就能使上下阕结构紧凑，造成一气呵成的气势。(板书：设问)

好了，这首词我们就赏析到这里。最后让我们一起朗读这首词，好好感受一下词人的豪情壮志。我们分角色来朗读，谁来扮演毛主席？扮演的同学负责上、下阕的开头和结尾。要读出感情，掌握好节奏。

(下面的学生又兴奋起来，很多同学跃跃欲试，一位男同学勇敢地走上讲台，领取带读任务。其他同学鼓掌)

(全班同学一起按节奏、有感情地朗读这首词，老师也跟着朗读，并在最后结尾处给同学们突出抒情效果，课堂气氛再次热烈)

师：我们同学刚才读了这首词，觉得这些句子怎样？喜欢吗?

生：这些句子写得很有气势，我们很喜欢。

师：既然喜欢，我们就要学习作者在词中如何运用各种表现手法，特别是他引用别人的句子，又不露痕迹地融进了自己感情，变成自己的佳句。本周的随笔，我们就用毛主席这首词中你最喜欢的一句做题目，题材不限。

(下课铃声响起)

师：下课！

生：谢谢老师！

——摘自《语文月刊(学术综合版)》(2009.6)

罗易老师的课究竟精彩在哪儿？让我们听听有关专家的点评。

罗易老师上《沁园春·长沙》，先是学生自学心得成果展示十五分钟，学生质疑辩论三分钟，然后教师只在中间讲了十五分钟，又组织学生诵读涵咏、进行点拨拓展，学生在充满兴趣的活动中完成了学习任务。

十五分钟讲课之外，学生三次出彩。第一次是学生展示自学心得。学生展示的是融文字、图片、背景音乐、诗词、英语、口语表达于一体的信息立体化的风趣的成果；展示的是学生的才学，沟通的是课堂与课外，取得的是广泛资源服务于语文教学的效果。

第二次出彩是学生分角色朗读。老师组织学生分角色朗诵全词，读时学生情怀激昂，诗情弥漫了课堂。读，让学生在激昂的音律中感悟词的情感美，丰富了学生的情感世界；读，让学生充分感悟词的意境美和辞藻美。

第三次出彩来自学生的发言。学生堂上说："老师，我感觉'曾记否，到中流击水，浪遏飞舟'化用了'水击三千里，抟扶摇而上者九万里'这句话。"这让学生又出彩了。"说得好！"罗老师肯定地说，"李白也有一句'大鹏一日同风起，扶摇直上九万里'。"

十五分钟讲课，老师围绕"词是豪放还是婉约"这个问题讲了五个点：①"击""翔"用比拟手法写出了力量；②上阕由"看"领起的句子描写景物，下阕由"忆"领起的句子抒发豪情；③"激扬"是"激浊扬清"的缩写，毛泽东写文章抨击军阀，以至军阀要通缉他——他一腔热血是豪迈；④"粪土"是意动用法，全句意思是视反动军阀如粪土——豪言壮语；⑤上阕问"谁主沉浮"是明知故问，和下阕答"中流击水，浪遏飞舟"一起，突出抒发的是诗人心怀天下的伟大抱负。

这节课的教学，透露的信息是：①课堂上给学生空间，驱使学生在课外用功，拓宽语文学习的空间；②让学生出彩，从而充分调动学生学习的积极性；③老师懂得的很多，只拣非讲不可的讲，要少讲、精讲；④读是诗词教学最重要的教学方法；⑤学生才是主宰课堂的真正主人。

——说课与评析：蕃传红

走进罗易老师的精彩课堂，我们就会有所感悟：新课程理念下，教育的主体是学生，而不是老师。老师的角色是学生的导师、合作者、建议者和支持者。因此，在课堂上，我们应该腾出足够的时间让学生去展示、答辩、探究、运用、表演，我们老师就应该像一位互动型的现场节目主持人。

至于一节课老师究竟应该讲多长时间合适，我们可以借鉴崔永元、李咏、朱军等优秀节目主持人的做法。他们这些节目主持人在做节目的时候努力地让参加节目的嘉宾做主角，他们的任务是设计环节，穿针引线，画龙点睛。嘉宾在他们的引导下出彩了，他们也就出彩了。麦克风在嘉宾手上的时间是三分之二，在主持人手上的时间是三分之一。

对于我们老师来说，一节课的三分之一，大概就是十五分钟。所以，一节课老师讲十五分钟左右的时间最合适。

3. 让学生感受语文的魅力——走进特级教师于永正老师的精彩课堂

语文是有魅力的。

那么，语文的魅力究竟在哪里？

让我们一同走进特级教师于永正老师的精彩课堂。

《望月》第二课时

师：下面我找同学读课文1、2两段。(一学生起来后开始读，读完课题后被叫停)

师：读完课题以后要注意停顿，读课题声音要响亮一些，你再读一下。(该生按要求读了，然后请那位学生继续读课文)

师：读得正确、流利。把课文读得正确、流利不容易。文中的这段文字，写出了月色下景物的宁静，你能不能试着把这种宁静的感觉读出来。不要快，要体会“宁静”。全班同学都练一练。(学生练读，人人声音很轻)

师：(指着一个练读时表情特别好的男同学)你的表情特别好，能到讲台前读一下吗？

(该生动情朗读，众鼓掌)

师：这两个自然段中有不懂的词语吗？

生：“芦荡”。

师：谁知道？

生：江边长了很多芦苇。

师：应当再加三个字——江边长了很多芦苇的地方。

生：什么叫“剪影”？

师：刚开始我也不太明白，后来看了几幅照片，特别是到了雁荡山看夜景，才真正理解了。请同学们看几幅雁荡山的照片。(投影出示群山剪影的画面，两幅是日落以后山和树的剪影，一幅是月色下“犀牛望月”的剪影)什么叫“剪影”懂了吗？月光下，那山、林只留下了黑色的轮廓，真像用黑色的纸剪下来贴在远处似的。

[自评：“剪影”是个实词，对于类似的词语，最好的理解方法是把它所表达的客观事物展示在学生面前，或者通过叙述，激活学生头脑中的图像。]

师：词语理解了，我想你们会读得更好。刚才读书的那位女同学再读一下好吗？

(指第一位学生)

师：大有进步。于老师读读可以吗？谢谢大家给我这次机会。

(师配古筝音乐朗读。生热烈鼓掌)

师：这两个自然段写的是(板书：？月)什么月？请你思考。看谁能把这两个自然段读成几个字。

生：明月。

生：亮月。

师：你们怎么知道月是明的，月是亮的？

生：用眼睛看到的。

师：对，这两节写的都是作者用眼睛看到的月，是什么月呢？——是“眼中月”。

(擦掉问号，在横线上板书：“眼中”，形成“眼中月”)

师：这部分写的是看到的月。你接下去读3~12自然段，思考一下这一部分写的是什么月。

(学生朗读)

师：读懂了吗？

生：懂了。

师：我们暂不讨论这个问题。先找同学来读读这一部分，找两个人分角色读。

(找同学分角色读“对诗”那一部分)

[自评：概括能力虽然很重要，但较之朗读，还是次要的。所以我还是让学生朗读。]

师：接下去，齐读第12段。

(学生齐读。读完，老师又动情地复述了一遍：“诗，和月光一起，沐浴着我们，使我们沉醉在清幽旷远的气氛中。”)

[自评：语文的“人文性”很大程度上体现在一个“情”字上。读要有情，说也要有情。]

师：多好的境界啊！下面我来当文中的“我”，谁来当我的外甥？这可是千载难逢的机会啊。(众笑)

师：谁能做我的外甥，请你(师指一名男同学)推荐一下。

(学生推荐一位男同学到前边和于老师分角色读。师生读得都有感情。同学鼓掌)

[自评：我之所以充当文中的“我”，一是从年龄上考虑的，二是从情趣上考虑的。师生融为一体的境界是很美妙的。]

师：(对“外甥”)今天月色这么好，我们来对诗好吗？可以用书上的，也可以不用。但必须是写月亮的诗句。

生：好。

师：你先说。

生：明月几时有，把酒问青天。

师：但愿人长久，千里共婵娟。(众笑)

师：你们笑什么？

生：你们背的是一首诗里的句子。

师：可以吗？

生：可以，都有月。

生：床前明月光，疑是地上霜。

师：举杯邀明月，对影成三人。

生：可怜九月初三夜，露似珍珠月似弓。

师：梨花院落溶溶夜，柳絮池塘淡淡风。

生：老师背的句子中没有月！不能算。

师：没有？“溶溶夜”，说的就是月色溶溶！有吗？

生：有！

师：你再接下去背。

生：秦时明月汉时关，万里长征人未还。

师：月儿弯弯照楼台，楼高又怕摔下来。

（生大笑，说不是古诗，是老师胡编的！）

师：是古诗！这是京剧《望江亭》中的杨衙内作的诗！后面两句是：“今天遇见张二嫂，给我送条大鱼来。”杨衙内也是古人嘛！——你再背。（生笑声不止）

[自评：我是故意背杨衙内的歪诗的，不是为了别的，为了让学生感到有意思。这种调侃，相信老师们也会接受。——至于学生，是肯定接受的，而且会长时间不忘的。课后，他们围着我，说上我的课真有意思（我不是第一次在这个班上课了）。俗而不伤大雅，这是我“幽默”的底线。一旦学生喜欢老师，喜欢上我的课了，就成功了一大半。]

生：……

师：他被我的歪理邪说搞得有些晕头转向，背不出了。刚才我也有点晕头转向，所以才憋出一首歪诗来的。说实话，这位同学很不简单，大庭广众之下，应对得这么好。下面我们同学分两部分，这一半当“舅舅”，那一半当“外甥”。来个比赛好吗？（师把全班学生分成两部分，比赛背诗）

（学生背诵踊跃）

师：第一轮，“舅舅”败了，因为没接上茬儿。再给一分钟时间准备，然后再比。

生：能不能背山水类的？

师：可以。

(两部分学生争相背山水诗，气氛更活跃)

师：(发现一个学生背诗吐字不清)请你到前面来，你虽然刚才吐字不太清晰，但是你会的诗很多，很活跃，你能不能认真背一首?

(学生认真地、有感情地背一首杜甫的《望岳》，博得大家的掌声)

师：这一轮比赛，不分上下，棋逢对手，平起平坐。同学们，如果说1、2两段写的是“眼中”的月，那么这一部分写的是什么月？（板书：？月)

生：(异口同声)诗中月！（师擦掉问号，在横线上写上“诗中”)

师：如果眼中月只是看到的月亮的样子，那么诗中月就融入了人的感情。眼中月是美的，诗中月更美。

[自评：这两句话是对一、二部分的概括。课后有老师说，于老师，您的语言很美，应了一句话：“腹有诗书气自华。”我说，有些关键的话，比如，对一、二部分概括的话，我是备课时就想好了的。]

下面请同学读课文后一部分，看看这一段又写的什么。

(学生读课文，然后进行交流)

生：想中月。

生：幻中月。

师：为自己鼓掌吧。但是不要为了和上边的一致，非说成三个字不可。这是写的幻想中的月，或者说想象中的月。(板书：幻想中的月)

[自评：眼中月，诗中月，幻想中的月，都是我和高林生琢磨出来的。]

师：这一部分能读好吗?

生：能。

(学生练读)

师：先找个男同学来读。

(学生朗读，教师相机指导，尤其强调人说话时的语气)

师：同学们注意，“不假思索”为什么用“假”而不用“加”？

生：“假”是借用的意思，是不用大脑思考的意思。

师：对的。注意不要写错这个字。大家把这个词书写一下。“假”和“加”

读音就不一样，只要读准了，就不会写错。再齐读一下。(生齐读“不假思索”)

[自评：中学语文老师常常对我说：于老师，您教的学生进了中学，作文错别字较少，字写得较端正，我们就感谢不尽了。是啊，小学语文老师干什么？不就是教学生认字、写字、读书、作文吗？这些基本功扎实了，真是功莫大焉！]

师：小外甥的话该怎么读，他说月亮困了，实际是表示什么呢？该用什么语调呢？大家练一下。

(学生用心练读。练读过之后再请那位男生读，读得有昏昏欲睡的感觉)

师：我们一听就知道小外甥也困了，他想睡觉了。再找一位女同学与前面的男同学比赛。(一女生读第三部分)

[自评：指导朗读也应该而且能让学生感到有情有趣的。就看我们读没读好，会不会启发。]

师：(读到“又冒出了一个问题”时打断读书女同学)为什么说“又”冒出一个问题，为什么用“又”呢？

生：因为他前面提过问题了。

师：那为什么用“冒”？

生：他突然又提出了一个问题。

师：有道理。除了“突然”外，第二个问题比第一个问题提得怎么样？

生：更有价值，更让人没想到。

师：对了，所以说“冒出了一个问题”。——接着读。

(该生读完)

[自评：实际上我是告诉学生读书要思考，要注意前后照应。但我没直说。有时候，直说反而不如不说。]

师：读得真好，把我们带到了童话的境界中去了。

(又找一名同学把最后一节读完)

师：读得真是有梦幻的感觉。你们也幻想一下，闭上眼睛想象一下月亮。(学生闭目想。片刻之后——)你们想象中的月肯定也很美。这篇文章写了眼中月、诗中月、幻想中的月。幻想中的月十分奇特，孩子们幻想中的月

是最美的。(指三名同学分角色读第三部分)

师：文章写得美不美?

生：美!

师：写得美，读得也美。大作家罗丹曾经说过一句话："美是到处都有的，对我们的眼睛来说缺少的不是美，而是发现。"比如月亮吧，"今人不见古时月，今月曾照古时人。"

从古至今都是这一个月亮，但是那么多作家、诗人笔下的月亮为什么都不一样，都那么美呢？今天作业就是：在有月亮的晚上，同学们观察一下月亮，再观察一下周围的景物：山、树、人、房屋都是什么样。

你仔细观察，用心幻想，你的笔下一定会有一篇篇优美的文章诞生。于老师期待着。

[自评：有句谚语叫"灯不拨不亮"(过去点油灯)。学生们潜能很大，但需要点拨、需要激发。]

——摘自《中国教育报》2006年3月17日第5版

于永正老师的这节课究竟精彩在哪儿?

走进他的课堂，我们会切身感受到：语文是有魅力的。语文的魅力来自语文本身，而语文教学的魅力来自于语文老师。

一个具有魅力的老师，他的教学一定是有魅力的。

4. 让学生感受数学的神奇——走进特级教师邱学华老师的精彩课堂

数学课究竟应该怎么上？什么样的课学生最喜欢?

走进特级教师邱学华老师的精彩课堂，就能找到答案。

神奇的数字编码

【课前准备】

布置学生到邮局、派出所、家庭调查电话区号、邮政编码、身份证号码、汽车牌照号码等，想一想有什么规律，有什么疑问。

【课堂实录】

■ 导入新课

师：同学们都知道“数字家族”有哪些成员呢？

生：知道，共有10个，它们是0，1，2，3，4，5，6，7，8，9。

师：对，阿拉伯数字虽然只有10个，但是它们却是神奇的。如果我们按照不同要求、不同顺序编排起来，就会千变万化，传递各种信息。同学们想不想知道数字的神奇？

生：想。

师：好，我们这堂课就来学习“神奇的数字编码”。(板书)

■ 提出问题，确定目标

师：同学们课前都已做了调查，现在来说一说，通过调查，你们知道了哪些地方需要用数字编码？

生：汽车牌照号码，自行车牌照号码，门牌号码。

生：还有电话号码，电话区号，邮政编码。

生：还有身份证号码，商品的条形码。

师：很好！那么，同学们在调查中有没有什么疑问或者不明白的问题？请提出来大家一起讨论。

学生自由发言，教师在黑板上归纳整理学生调查中遇到的问题。

□ 电话区号是怎样编出来的？为什么最前面一位都是07？

□ 身份证编码都是18位，很难记，为什么要这么长？是怎样编出来的？

□ 为什么要邮政编码？邮政编码是怎样编出来的？

□ 为什么商品、图书上都有条形码？既然已经有了数字编码，为什么还要条形码？

师：同学们提出了很多问题，说明你们在调查中认真观察，积极思考，会提出问题是一种重要的学习方法和研究方法。根据大家提出的问题，这堂课就来解决电话区号、邮政编码、身份证编码、商品条形码四个方面的问题。

■ 探索电话区号规律

师：你们会打电话吗？怎样打外地电话？

生：先拨电话区号，再拨要打的电话号码。

师：让我们来看一看这个电话号从哪里打来的。

（利用多媒体课件在屏幕上显示电话机并响铃，话机显示：021－59144590）

生：从上海打来的。

师：你怎么知道的。

生：021是代表上海的电话区号。

（屏幕上立即出现打电话的人像，并用上海话说出："侬好，阿拉上海贸易公司。"同学们高兴得都笑了。利用多媒体课件按上述同样的办法，由学生自己说出从北京、常州、沈阳、美国等地打来的电话）

师：在调查中你们还知道哪些城市的电话区号？

学生争先恐后地说出国内、国外许多城市的电话区号，积极性非常高，课堂气氛热烈。

师：你们的调查工作做得出色，知道了这么多电话区号，现在看谁能找出电话区号编码的规律，先分小组讨论。

学生座位是分组围坐，讨论起来很方便。经过热烈讨论，学生分组派代表说出编码规律：

A. 国内电话区号开头是一个0，国外电话区号开头是两个0，但是香港、澳门、台湾开头是两个0。

B. 国内电话区号有的大城市是三位，北京010、广州020、上海021，一般城市都是四位。

C. 国内电话区号在一个省里第二位数字都是相同的。

D. 第二位数字好像按照由北向南、由东向西逐步增大的。

■探索邮政编码规律

师：写信要写上邮政编码，邮政局分信人员只要看到邮政编码，就能知道这封信寄到哪里。

（利用多媒体课件，屏幕上出现明信片，明信片上又出现邮政编码100001，学生说出是由北京寄出的，再出现北京的地址。屏幕上出现明信片，

邮政编码是213203并发出声音解释)

师：你们通过调查知道哪些城市的邮政编码?

学生纷纷说出各地的邮政编码，并主动写到黑板上。

师：你们还有什么问题吗?

学生提出的问题有：为什么电话区号是4位，而邮政编码是6位? 能不能把邮政编码同电话区号统一起来? 全国各地邮政编码编排起来有什么规律?

邱老师先要求大家分组讨论，发表自己的看法，再引导大家达成共识：电话区号只是一个城市的代号，具体打哪一家电话，还要拨电话号码，因此四位就够了。邮政编码里必须要有哪个城市、哪个区县、哪个街道的信息，四位是不够的。邮政编码的排列同电话区号一样也是由北向南、由东向西逐渐增大，内蒙古是01，西藏是85。

■ 探索身份证编码规律

师：年满16岁以上公民都有身份证，每个人身份证号码各不相同，在公安局只要输入这个号码到电脑里，就能找到这个人。课前你们调查父母、亲戚的身份证号码，请到黑板上把它写出来。能不能说出是怎样编出来的。

学生纷纷主动到黑板上写出身份证号码，各自说出18位号码各表示什么。

师：身份证编码有18位，比较复杂，同学们通过自己的调查已经知道其中的奥秘。

想不想知道邱老师的身份证号码? 现在我写出来，请大家说说从中可以获得哪些信息?

320404193507260617

生：邱老师是江苏省常州市人。

生：邱老师生于1935年7月26日。

生：061最后一位是单数，表示是男人。

生：从出生年月看，邱老师已经68岁了，我总觉得邱老师只有50多岁，是不是弄错了?

(全场哄堂大笑)

邱：邱老师真是68岁了，不信可以给你看身份证。现在你们还没有身份证，按照编码的规律，能否先给自己编一个身份证号码？可以小组先讨论一下，编好后写到黑板上。

学生热烈讨论，纷纷把编好的将来自己身份证的号码写到黑板上，并说明编码的理由。教师提出两个号码讨论：

320705199105060516

32070519920226× × 单 ×

学生经过讨论一致认为第2个写得合理些，因为前面6位地区码，8位出生时间码都可以确定，后面4位不能确定，是公安局电脑里编的，所以用 × 表示比较合理，倒数第2位，因为是男生，可以确定是单数。

师：你们把为自己编的身份证号码保留起来，到16岁时拿到身份证以后对照一下，这是一件很有意义的事。

■ **认识条形码**

师：课前请大家调查商品和图书上的条形码，请把自己带来的商品和图书上条形码相互看一看，并把编码写到黑板上。

教师利用多媒体课件，在屏幕上放映出录像，超市收银员用读码机逐一在商品的条形码上照一下，最后电脑计算出总价。图书馆管理人员用读码机在图书的条形码上照一下，登记借书记录。

师：大家看到条形码的用处很大。你们还有什么问题吗？

学生纷纷提出问题：

(1) 有了条形码为什么上下还有两排数字码？

(2) 上下两排数字码同条形码之间有什么关系？

(3) 条形码有粗条有细条，各表示什么？

(4) 条形码上下两排数码表示什么？

(5) 下面一排数码最后还有一个大于号表示什么？

师：同学们提出很多问题，说明大家在积极思考，学问学问，要又学又问。这些问题要靠你们自己去解决，可以请教别人，查阅书本，也可上网查询。现在有一个条形码的专业网站叫“条形码搜索大全（www.barcodes.com.cn）”。

——摘自江西省基础教育资源网

这节课上得究竟怎么样？学生最有发言权的。邱学华老师曾经给河南省栾川县第一实验小学五年级学生上了这样一堂课，学生们这样说：

■ **学生：陈会东**

“这小小的10个数字，在生活中被人们广泛应用，给人带来方便和乐趣……”这些话不断地在我耳边响起，不停地在我脑子里回荡。这就是邱学华老师给我们上的一堂课，课题是“神奇的数字编码”。“上课时，同学们可以随意发言，问我任何问题都可以。”邱老师说。

哇！这样的老师没有见过。于是同学们都争先恐后地大胆发言，提出的问题千奇百怪。大家都非常高兴。

■ **学生：王玉玺**

我觉得他讲课最特别的一点就是相信学生，他说话时总带着微笑，总听到“孩子们”这个亲切的称呼。更可贵的是：他让我们自己去学习、去研究、去总结，去解决问题。在这节课中，大家和从未见过面的邱教授一起研究问题，很开心、很轻松，并且学到了很多知识。当一名好老师多棒啊！有知识、有办法，又懂大道理。真好！如果我将来当一名教师，我一定要当一位顶呱呱的好老师，就像邱老师一样！

■ **学生：居萌**

我们第一次在栾川影剧院的舞台上上课，下面坐着听课的老师黑压压的一片，我心里特别紧张，生怕在课堂上出错。于是，我决定一堂课都不回答问题。可当我见到邱老师那慈祥的面孔时，感到无比亲切。上课开始就带领我们做游戏，课堂里充满了欢声笑语，严肃紧张的气氛一下子抛到九霄云外。我不但回答问题，还大胆向老师提出问题。他的教学方法很特别，总是让我自己去发现问题，自己去研究，互相讨论，把乏味的数学课变成了趣味无穷的数学课。

那么，邱学华老师的这节课究竟精彩在哪儿？我们一起来听听有关教育专家的点评。

■ 本节课课前学生的调查是一次很好的实践活动，为上好本节课做好了准备。这符合数学课标基本理念，数学教学紧密联系学生的生活实际，培养学生动手实践能力。从调查中引导学生提出问题，作为本节课的教学内容。

■ 在“探索电话区号规律”这个教学环节中，多媒体课件设计很巧妙，屏幕上出现电话机，发出铃声，电话屏上显示来电号，最后出现对方打电话的人像是在说地方话，惟妙惟肖，引起学生兴趣。不但使学生知道各地的电话区号，更重要的是教师能够引导学生找出全国各地电话区号的排列规律，这是把生活问题上升到数学问题的范例。

■ 在“探索邮政编码规律”这个教学环节中，学生提出“为什么电话区号是4位，而邮政编码是6位”，这个问题非常有价值，说明这堂课促进了学生的求异思维，提高了观察分析能力。从学生提出的问题，再引导学生讨论，也非常成功。

■ 在“探索身份证编码规律”这个教学环节中，让学生设计自己将来的身份证编码，这样既激发学生的兴趣，又发展学生的思维能力，是学生运用所学到的编码规律解决实际问题的范例。有的学生能用 × 表示不确定数，说明学生已经有了数学头脑了。

■ 在“认识条形码”这个教学环节中，这堂课选材来自学生周围所见到的编码，从简单的电话区号(4位)到邮政编码(6位)、身份证号码(18位)，最后到比较复杂的条形码，体现了由浅入深、由易到难的原则。在课前组织学生到生活中收集调查，在课内让学生自主尝试去发现编码规律，充分体现了《数学课程标准》的基本理念：把数学同生活联系起来，让学生自主探究学习。最后关于条形码的内容，先让学生提出问题，但教师没有直接回答，而是指导学生课后到网上查询，这就引出下一堂课的实践活动，设计十分精彩，让人叹服。邱老师已是近70岁的人了，又是著名教育家，还坚持在教学第一线，给小学生上课，把自己的教育思想在课堂教学中体现出来。特别是他有高超的教学艺术，课堂气氛活跃，学生喜欢，这一切不能不令人敬佩。

——说课与评析：方建华

听了邱学华老师的这节课，我们就会有所感悟：邱老师的这节课充分体现了新课程的教学理念，同时把尝试学习与新课程有机地结合起来。课堂教学过程中，他把数学同现实生活紧密地联系在一起，把神奇的数学展示在大家面前，这样的课堂教学有利于培养学生对数学的兴趣，能够增强学生用数学的眼光观察分析事物的能力，这样的课就是中看又中用、非常有实效的一节好课。

5. 自主探究、师生互动——走进特级教师邵丽云老师的精彩课堂

走进特级教师邵丽云老师的课堂，你会感到整节课都是师生互动、生生互动。这样的课堂能够激发学生的学习热情，从而达到生生合作、师生合作的总体目标，符合新课程理念的要求。而且，在课堂教学过程中，学生能够主动参与，自主探究，这样，就加深了学生对知识的理解和掌握，课堂教学效果好。

下面，就让我们共同感悟一下。

授课地点：山东省实验中学　高一(11)班

授课内容：高中数学必修三《频率与概率》

【课前准备】

将学生分成5个小组，其中2个小组利用网络和书籍查找有关概率论的发展和应用知识，了解一门新学科的有关历史和应用；3个小组以组为单位，做抛掷硬币试验，记录正面向上的次数、抛掷的总次数。

【课堂实录】

■ 创设情境，引入概念

师：前面我们已布置有关作业，下面请几个同学简单地介绍一下概率论的发展和应用。

(学生踊跃发言，用不到3分钟的时间简单介绍了查阅的有关概率的知识，其余材料学生们传阅，介绍略)

师：通过查阅有关资料同学们了解到，概率的有关知识在生活和生产中有着广泛应用，那么，什么是概率呢？上一节课我们已经学习了事件的有关概念，请同学列举一些事件，同桌判断是什么事件。

生1：明天要出太阳。

生2：必然事件。

生1：这次生物竞赛我取得第一名。

生2：不可能事件。(学生笑，接着学生又做出了更正)随机事件。

师：虽然我们非常希望你能取得第一名，但还是随机事件。

生1：水在100摄氏度时沸腾。

生2：必然事件。

师：有没有不同意见?

生3：我觉得是随机事件。

师：为什么?

生3：在一个标准大气压下，水的沸点是100摄氏度，在青藏高原就不是。

师：这个同学的回答很精彩，也就是说我们在判断事件类型的时候应该注意什么?

生：(一起回答)在一定条件下。

师：对。要判断一个事件是三类事件中的哪一类，必须联系一定条件来考虑，条件不同，事件的性质就会不同。必然事件可以看成在一定条件下总会发生的随机事件；不可能事件可以看成在一定条件下总不会发生的随机事件；随机事件是在一定条件下，可能发生也可能不发生的事件，是不是随意地无规律地发生呢?

■ **试验探索**

师：课前每个小组已经做了抛掷硬币试验，下面我们统计一下数据。小组1负责统计抛掷次数，小组2负责统计正面向上的次数。(学生分小组统计，最后由两个同学用计算器累加结果)

师：计算一下频率，然后将我们的试验数据和两位数学家的数据放在一个表格里。

计算机屏幕显示试验结果：

试验者	总抛掷次数（n）	正面向上的次数(m)	频率(m/n)
学生	4430	2195	0.4954
蒲丰	4040	2048	0.5069
皮尔逊	24000	12012	0.5005

师：根据试验结果，请思考下列问题，小组内讨论交流。

(1) 在试验中出现几种试验结果？还有其他的试验结果吗？

(2) 一次试验中的一个试验结果固定吗？有规律吗？

(3) 这些试验结果出现的频率有何关系？

(4) 如果允许你做大量的重复试验，你认为结果又如何？

小组1：抛掷硬币试验中只出现两种结果，没有其他结果，每一次试验的结果不固定，但只是“正面”“反面”两种中的一种，且它们出现的频率均接近于0.5，但不相等。

小组2：如果允许做大量的重复试验，我认为正面向上的频率应该是0.5。

小组3：我们得出的结论是“抛掷一枚硬币，正面向上”这个随机事件的发生是有规律的：当抛掷次数很多时，出现正面的频率值是稳定的，接近常数。

师：以上研究表明，频率的稳定性揭示出随机事件发生的可能性有一定的大小。事件的频率稳定在某一数值附近，我们就用这一数值表示事件发生的可能性大小。

计算机屏幕显示：事件的概率的定义。在大量重复进行同一试验时，事件A发生的频率m/n总是接近于某个常数，在它附近摆动，这时就把这个常数叫作事件A的概率，记作P（A）。

师：为了帮助大家理解随机事件发生的规律性，同学们看一个有趣的试验——加尔顿板试验。

计算机屏幕演示加尔顿板试验。

■ 剖析概念

师：各小组根据课本中提供的表2“某批乒乓球产品质量检查结果表”，表3“某种油菜籽在相同条件下的发芽试验结果表”，分析概率与频率有什么关系。

小组3：我们觉得概率是频率的平均值。

小组4：不对，对于表3的试验结果就不适合。(其余学生点头表示赞同)我们觉得概率具有主观性，例如，表3中人们觉得它接近0.9，所以就把0.9当成了概率。

师：也就是说概率是频率的近似值，是吗？（部分同学点头表示赞同）其他小组有不同意见吗？

小组5：我们组认为概率具有客观性，它只与事件本身有关系，与做这个试验的人以及试验的次数没有关系。

师：到底哪个小组的结论是正确的？

生：小组5是正确的。（但是部分同学还是很疑惑）

师：给定一根木棒，谁都不怀疑它有自身的"客观"的长度，长度是多少？我们可以用尺子或仪器去测量，不论尺子或仪器多么的精确，测得的数值总是稳定在木棒真实的"长度"值的附近。在这个例子中，木棒的客观长度就等同于事件的概率，每次测得数值就相当于每次试验得到的频率。大家现在觉得哪个小组的结论是正确的？

生：（一起回答）小组5是正确的。

计算机屏幕显示：

□ 概率与频率的关系：

概率可以看作频率在理论上的期望值，而随机事件的频率可以看作概率的随机表现；事件的概率是事件固有的，客观存在的，频率在大量试验的前提下可近似地作为事件的概率。

A的概率的性质：必然事件的概率是1；不可能事件的概率是0。

任一事件A的概率：$0 \leqslant P(A) \leqslant 1$

■ 反馈练习

师：下面我们一起来解决几个问题。

例1：试解释下列情况中的概率意义：

(1) 一次数学期末考试中，某同学得80分以上分数的概率是0.6。

(2) 一段外语录音，甲能听懂的概率是90%。

生：(1) 这张数学试卷对某同学来说能得80分的可能性是60%。

(2) 甲能听懂这段录音的可能性是90%。

例2：一个地区从某年起几年之内的新生婴儿数以及其中的男婴数如下：

时间范围	1年内	2年内	3年内	4年内
新生婴儿数	5544	9607	13520	17190
男婴数	2883	4970	6994	8892
男婴出生频率				

(1)填写上表中的男婴出生频率(结果保留到小数点后第3位)。

(2)试估计这一地区男婴出生的概率为多少。

生：通过计算频率估计这一地区男婴出生的概率为0.517。

师：根据概率和频率的关系，我们可以用频率来估算概率。

■ **归纳小结**

师：下面我请同学总结一下本节课的主要内容。

生：本节课我们主要学习了必然事件、不可能事件、随机事件的概念，以及频率与概率的概念。了解了频率与概率的关系。

生：还纠正了很多平时不严谨的说法。

师：举例说明。

生：平时经常说：我做出这个题的把握有200%，是不对的。姚明本场投篮命中的概率是80%，应该说姚明本场投篮命中的频率是80%。

师：这位同学回答得很精彩，在以后的学习中我们将会学到更多的概率知识。

——摘自《新课程名师教学100条建议》主编　周成平

走进特级教师邵丽云老师的精彩课堂，我们就会有所感悟：通过学生参与主动获取知识的教学方式，有利于培养学生自主学习的能力，有利于学生形成积极主动的学习方式，这样的教学最有效果。

6. 感受、理解、欣赏和评价——走进名师陈玉中老师的精彩课堂

什么样的课最精彩？

陈玉中老师有自己独到的见解。

常言道："语文课要姓语。"不错的，"阅读教学的重点是培养学生具有感受、

理解、欣赏和评价的能力”。无论课文的思想性多么强烈，我们都应当将它作为语文课来教。《七颗钻石》是一篇歌颂“爱心”的童话故事，往往有人以为它文字浅易、结构简单而在教学时侧重于组织学生畅谈献爱心的经历、见闻和感受，使语文课失去了“它独当其任”的“任”。为此，我教学此文时，在组织学生自主阅读文本、积累语知、厘清情节、揣摩寓意的基础上，启发指导学生探究作家炼词、构思的精妙之处，使看似直白的文本凸现了语文的魅力，实现了“知识与能力、过程与方法、情感态度价值观”三维目标的落实与交融。

让我们一起走进陈玉中老师的精彩课堂，共同体会一下。

初中语文《七颗钻石》

【课堂实录】

[师生互致问好。]

[以电视连续剧《水浒传》主题歌《好汉歌》导入，由“北斗星(大熊星座)”引出课题《七颗钻石》，并结合注释①介绍作者列夫·托尔斯泰。]

[生跟着配乐课文朗读录音轻声地读课文，并在课文中圈画出自己认为需要注意的字词，做好积累工作。课文读毕。]

师：现在请同学们浏览课文，将刚才画出的生字、生词及容易写错的字写在自学笔记本上，并借助工具书把它解决，有困难的，同学间可以商量。

[生浏览课文，做学习笔记。(在做笔记的过程中，时常有同学间相互商量的情景)]

师：现在请同桌的同学间交流笔记的情况，并准备向全班同学报告。(同学间交流完毕)现在哪位同学愿意将自己的笔记情况向全班同学做交流？(若干生举手示意)

[生1、生2、生3分别认为“涸”“瞬”等字的读音要注意，“洒”“凑”“澈”等字要与它们的形似字相区别。]

师：同学们学得很认真。下面请同学们推荐一位我们班朗读最好的同学，把课文朗读一遍。请其余同学注意听，并在课文中画出故事发生的“时间”“地

点”“人物”和贯穿故事始终的一件“道具”。(同学们踊跃推荐)

[一名同学朗读课文后，同学们纷纷发表自己的意见，进行点评。]

师：同学们读书真投入，读得好，评得妙。现在哪位同学说说故事发生的时间、地点、人物和道具。(若干生举手示意)

生7：我认为故事发生的时间是“很久很久以前”，地点是“草地”“路上”和“小姑娘的家里”，人物有“小姑娘”“母亲”和“过路人”，道具是“水罐”。

师：有不同意见吗？(若干生举手示意)

生8：我认为时间应该是“很久很久以前的一天夜里”。

师：你说得很全面。不过，故事开头的“很久很久以前”是民间故事开头常用的方式，它是一个虚指，故事发生的具体时间应该是“一天夜里”。现在请同学们把课文齐读一遍，准备用简洁的语言概括故事的中心事件。(多媒体显示“概括中心事件的要求”)

[生齐读课文。概括故事的中心事件，并在学习小组内交流。]

师：大家学习得很投入。哪位同学先来向全班介绍一下你对故事中心事件的概括情况。

(若干同学举手示意)

生8：我认为文章写的是：一个小姑娘为她生病的母亲去找水，累得倒在草地上睡着了，当她醒来时，罐子里装满了水，后来她与她的母亲一次次地让水的故事。

生9：我认为语言还可以简洁些，应该就是写小姑娘为生病的母亲找水及她们母女俩让水的故事。

师：很好，看来同学们对概括故事中心事件的要求基本掌握了。课文写了小姑娘为她生病的母亲找水及母女俩让水的故事。

师：同学们，通过刚才的学习，我们熟悉了故事的情节，知道小姑娘的水罐是神奇的。现在请大家再默读课文，想一想：小姑娘的水罐神奇在哪里？是什么原因使得小姑娘的水罐那样神奇？作者这样写的目的是什么？

[生：默读课文，积极思考问题，小组内讨论、交流。]

师：好，我想同学们应该有答案了吧！哪个小组先说？(若干同学举手示意)

生10：我们认为小姑娘的水罐神奇在它会变。

师：对。你能说出它先后一共变了几次？每一次是怎样变的吗？

生10：一共变了五次。第一次……第二次……第三次……第四次……第五次……

师：你回答得非常好。哪位同学愿意说说小姑娘的水罐不断发生变化的原因？（若干同学举手示意）

生11：我以为是小姑娘对母亲的爱心使水罐变得那样神奇的。

师：你从哪儿看出是小姑娘对她母亲的爱心使水罐变得那样神奇的呢？

生11：因为水罐的每次变化都与小姑娘为她的母亲找水或让水有关。

师：你能结合课文内容具体说说吗？

[生11结合课文内容做具体分析。]

师：你分析得真好。你现在认为小姑娘的水罐一次次变化的原因是什么呢？

生11：是小姑娘和她的母亲的爱心。

师：对了，是小姑娘和她母亲的爱心使得水罐发生了一次次的变化。那么，大家想一想，从表达爱心的角度说，这五次变化之间是怎样的关系呢？

生12：递进关系，也就是说，随着爱心的加浓，水罐变得越来越神奇了。

师：你说得很对。我们与其说从水罐里跳出七颗很大的钻石，涌出巨大的水流，还不如说这是爱心的结晶。那么，作者这样写的目的是什么呢？

生13：为了说明爱心力量的巨大。

师：对。现在请同学们把课文的结尾齐读一遍。想一想，这样的结尾有什么寓意？

[生齐读结尾，思考问题。小组讨论、交流。]

生14：这个结尾表明了作者的一种愿望，他希望爱心像大熊星座一样普照人间，让世界上所有的人都享受到爱的温暖。

师：你理解得真深刻。这正如韦唯演唱的《爱的奉献》中所说的："只要人人都献出一点爱，世界将变成美好的人间。"同学们，让我们都来做爱的使者吧！

师：同学们，通过刚才对课文的学习，我们熟悉了故事的情节，理解了故事的寓意。

现在我们再用探究的眼光来读课文，看谁能从文中读出些疑问来。(多媒体显示“友情提示”)

[生浏览课文，积极思考。小组讨论、交流。](课堂气氛热烈)

生15：我认为第二节中作者用“哀哀”形容小狗的叫声不恰当，因为我们听到小狗被踩后的叫声都是“汪汪”的。

生16：我认为这里还是用“哀哀”准确，因为由于缺水，小狗也渴得奄奄一息了，所以叫声是“哀哀”的，这样更突出了水的珍贵和小姑娘心灵的美好。

师：你能联系前后文的语境来理解，且说得那么好，真了不起！还有哪位同学要说？

生17：我认为课文的第一段看起来与故事似乎没有什么直接的联系，因为故事是从“一天夜里”开始的。但是，仔细一想，这段文字对故事情节的发展非常重要。正因为发生了大旱灾，水才显得那样的珍贵；正因为水是那样的珍贵，小姑娘深夜为母亲找水和她们母女俩让水，才表现了她们关爱他人的美好心灵。

师：你真了不起，不仅读出了问题，还自己解决了问题。说得非常好。开头一节交代了故事发生的背景，它是故事发生、发展的前提，如果没有这里的铺垫，故事的深刻寓意就不能凸显。让我们一起将这节文字朗读一遍。

[生齐声朗读第一节。]

生18：作者在第三节中为什么用“欢喜”，而不用“高兴”呢？

师：同学们，我们把这句话完整地读一遍好吗？

[生齐读“小姑娘把水倒在手掌里一点，小狗把它舔净了，变得欢喜起来”一句。]

师：现在大家想想看，这里到底用“欢喜”好，还是用“高兴”好？(一阵沉默)

生18：我懂了，这两个词在程度上有差别，“高兴”的程度比“欢喜”深，这里还是用“欢喜”好，因为小姑娘只倒了一点水给小狗舔了舔，所以小狗只能变得欢喜，而不是高兴。

师：你真棒！一定要记住：不管是理解词语的意义，还是作用，都不能脱离具体的语言情境。

生19：我认为故事情节的发展太突然，怎么这么凑巧当小姑娘要喝水的时候，就从门外走进来一个过路人呢？

生20：因为这是童话故事，是作者的想象。再说这个“过路人”我们可以把他看成是一种无形的力量或上帝、神灵的使者或化身。

师：你说得太好了！这是童话故事的特点。在童话故事中，作者往往通过丰富的想象来编故事。这里的“过路人”可以理解为上帝或神灵的化身。由此可见，小姑娘的水罐的变化，还可以理解为是上帝或神灵操纵的，水罐一次次地变化就是上帝或神灵对小姑娘的爱心的一次次考验，从而说明了奉献爱心不能只是一时一事，要真爱到永远的道理。

师：同学们，老师也有一个问题：我们说写文章要注意首尾呼应。可是，课文的作者为什么在故事的结尾不写“巨大的清澈而新鲜的水流”给人们带来欢乐的场景呢？（一阵沉默）要理解这个问题，先请同学们看老师按照首尾相应的原则改写的结尾，我们一起在比较中揣摩作者这样写的原因。（多媒体显示“老师改写的结尾”）

［生自由地阅读两种结尾的文字，相互间小声地讨论、交流。］

师：哪位同学先来发表自己的看法？

生21：我以为这样改是可以的，因为它呼应了故事的开头，前后交代得很清楚。

生22：我也认为这样改是可以的，不过，又感觉这样写似乎与文章的题目不相照应了。

生23：我认为这样改写显得很平淡，不能很好地体现童话故事想象丰富、寓意深刻的特点。而且也不能突出故事的主题。

师：你能说说这则故事的主题思想吗？

生23：这则故事主要歌颂了小姑娘的爱心，同时表达了作者希望人世间充满爱的愿望。

师：你真是很棒！你的回答是正确的，而且你思考问题的角度也非常好。是的，要回答这个问题就得从课文的体裁和主题的角度去思考。作者这样写就是为了展现童话想象丰富、寓意深刻的特点，回应课文的题目，表达自己希望爱心如大熊星座普照人间的强烈愿望。如像老师改写的那样，就显得太一般化了。所以，文章究竟该怎样写，首先考虑的是要为充分展示文体的特点和表现文章主题的需要。

[师生共同小结，交流本节课的收获。三名同学发言。]

师：还有很多同学要发表自己的收获，不过下课的时间要到了。请同学们把想说的话写到自己的学习笔记上吧！课后完成以下作业：①整理学习笔记，从课文中找出五组以上的形似字并分别组词。②以“深夜的教室”为话题，发挥想象，自拟题目，写一则童话故事。③阅读《语文读本》中相应单元的文章，写出自己的阅读感受。

师：最后，愿同学们都有一颗钻石般美丽的心灵！愿爱心如“北斗”普照人间！谢谢同学们的合作！下课！

[师生道别。]

——摘自《当代老师教学创新的成功之路》主编　郑杰斌

陈玉中老师这节课的精彩之处就在于：能够紧扣语文教学的“特质”，课堂上以学生的自主学习为中心，积极开展合作式学习和探究式学习。

在整个课堂教学过程中，陈老师能够做到指导学法，启发思维，培养能力，形成习惯。这样的教学能够让学生在对文本的朗读、质疑和研讨中感悟、体验、欣赏和评价；在感悟、体验、欣赏和评价中能够体会语文的魅力；这样的课堂教学学生收获最大。

参考书目

1. 吴效锋．新课程怎么教．沈阳：沈阳出版社，2002.

2. 韩玲，王晗．班主任专业成长的八堂必修课．天津：天津教育出版社，2012.

3. 周成平．新课程名师教学100条建议．北京：中国科学技术出版社，2005.

4. 吴效锋．新课程怎么教．沈阳：辽宁大学出版社，2005.

5. 刘永舜，董志斌，赵卫胜．做最好的教师．成都：四川教育出版社，2007.

6. 韩玲．和谐班集体建设．北京：光明日报出版社，2009.

7. 詹万生 等．和谐德育论．北京：教育科学出版社，2008.

8. 周成平．新课程名师精彩课堂实录(小学语文卷)．北京：中国科学技术出版社，2005.

9. 周成平．新课程名师精彩课堂实录(小学数学卷)．北京：中国科学技术出版社，2005.

10. 郑杰斌．当代教师教学创新的成功之路．长春：东北师范大学出版社，2010.

后 记

随着新课程改革的深化推进，全国各地基础学校和广大一线中小学教师已经由理念的学习进入教学实践层面的探索。

在现行的课堂教学过程中，不时地闪烁着体现新课程理念的火花。这种火花是新旧教育理念冲撞下的自然生成，是广大一线中小学教师逐渐接受新课程理念并转化为实际的教育教学行为过程中的一种必然现象。与此同时，我们也清醒地认识到：现行的课堂教学，无论是教育思想、教学内容、教学方法，还是教学过程中的一些具体细节，都存在着大量的这样或那样的问题，甚至有些问题是与新课程的要求南辕北辙、格格不入的。

比如，自主学习是新课程倡导的学习方式之一，其目的是让学生学会学习，成为学习的主人、发展的主体，并为学生终身发展打下坚实的基础。但在实际的教学过程中，有些自主学习浮于表面，徒有形式，没有实效。

还有，以小组合作为代表的合作学习已经被广大中小学教师广泛采用。那种人人参与、组织互动、竞争合作的课堂能切实给学生以享受和启迪。但在实际的教学过程中，有些教师僵化地理解合作学习，片面地追求小组学习的形式，缺乏实效。

我们都知道：课堂提问是教师在组织、引领和实施教学的过程中不可或缺的教学行为。但在实际的教学过程中，有些教师在课堂上却是一问到底。不可否认，大量的问题固然能带动学生积极思考，但提问数量过多，学生忙于应付，根本无暇思考。

……

试问，这样的课堂教学，学生能有多少收获呢？

上述这些课堂上常见的教学行为都是理念与行为缺乏有效地融合造成的。

因此，如何融合理念与行为，将理念外化为行为，是广大一线教师迫切需要解决的课题。这就要求我们更多地关注教学实践操作层面，关注教学细节，关注教学实效，关注教育智慧，关注教师专业发展。通过对目前的课堂教学进行重新审视与思考，对目前课堂教学存在的这些问题进行探究、梳理并寻求解决的办法，这就是我编写《高效率教学的理念与操作》一书的设想与思考、初衷与愿望。

然而，能否达到这一目标，还有待于广大读者特别是奋斗在教学一线的广大中小学教师的评判与检验。

由于时间仓促，在本书的编写过程中，难免会有一些不妥之处，敬请大家谅解。真心希望通过本书的编写能够给大家带来一些有益的帮助和启示。

韩　玲
2012年10月于北京